INGRID KLIMKE

Reiten im Gelände

Sicheres Ausreiten
Konditionstraining
Kleine Geländehindernisse

MIT KOSMOS MEHR ENTDECKEN
EXTRA
— Mit 10 Filmen
SEIT 1822

KOSMOS

☞ Inhalt

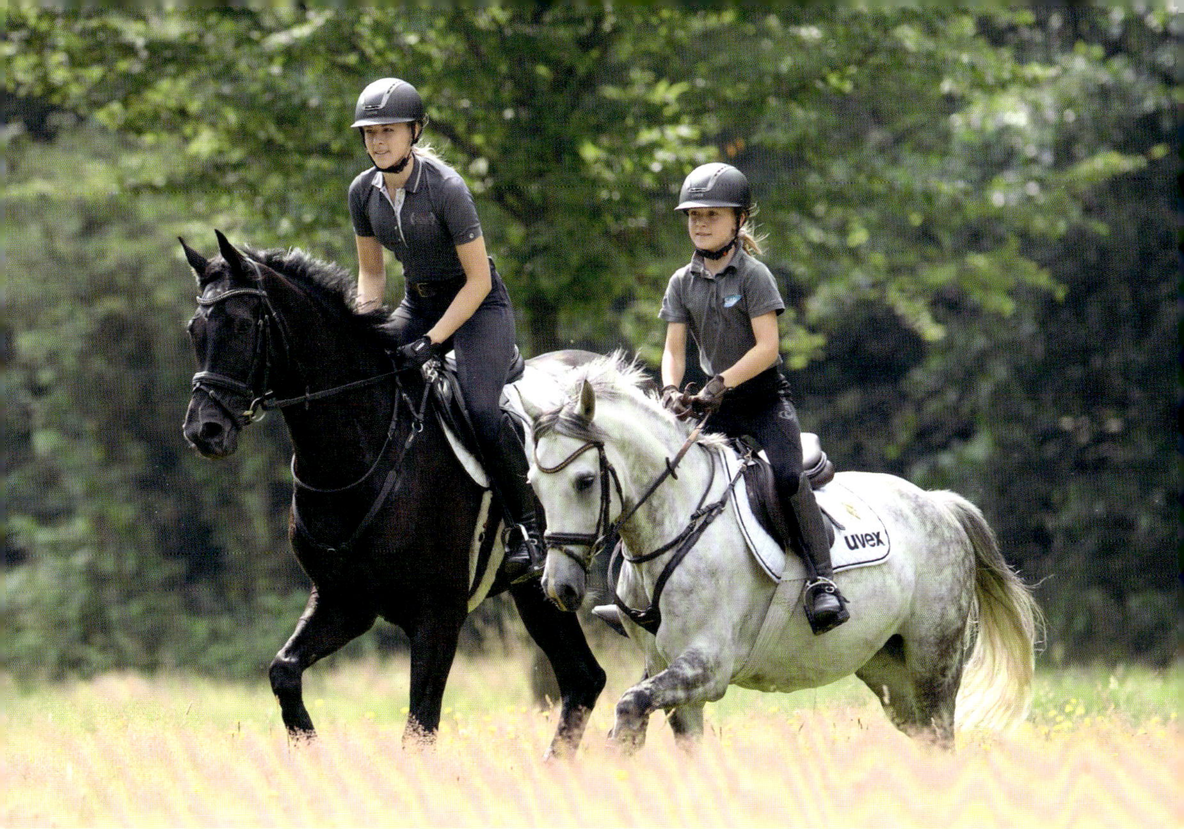

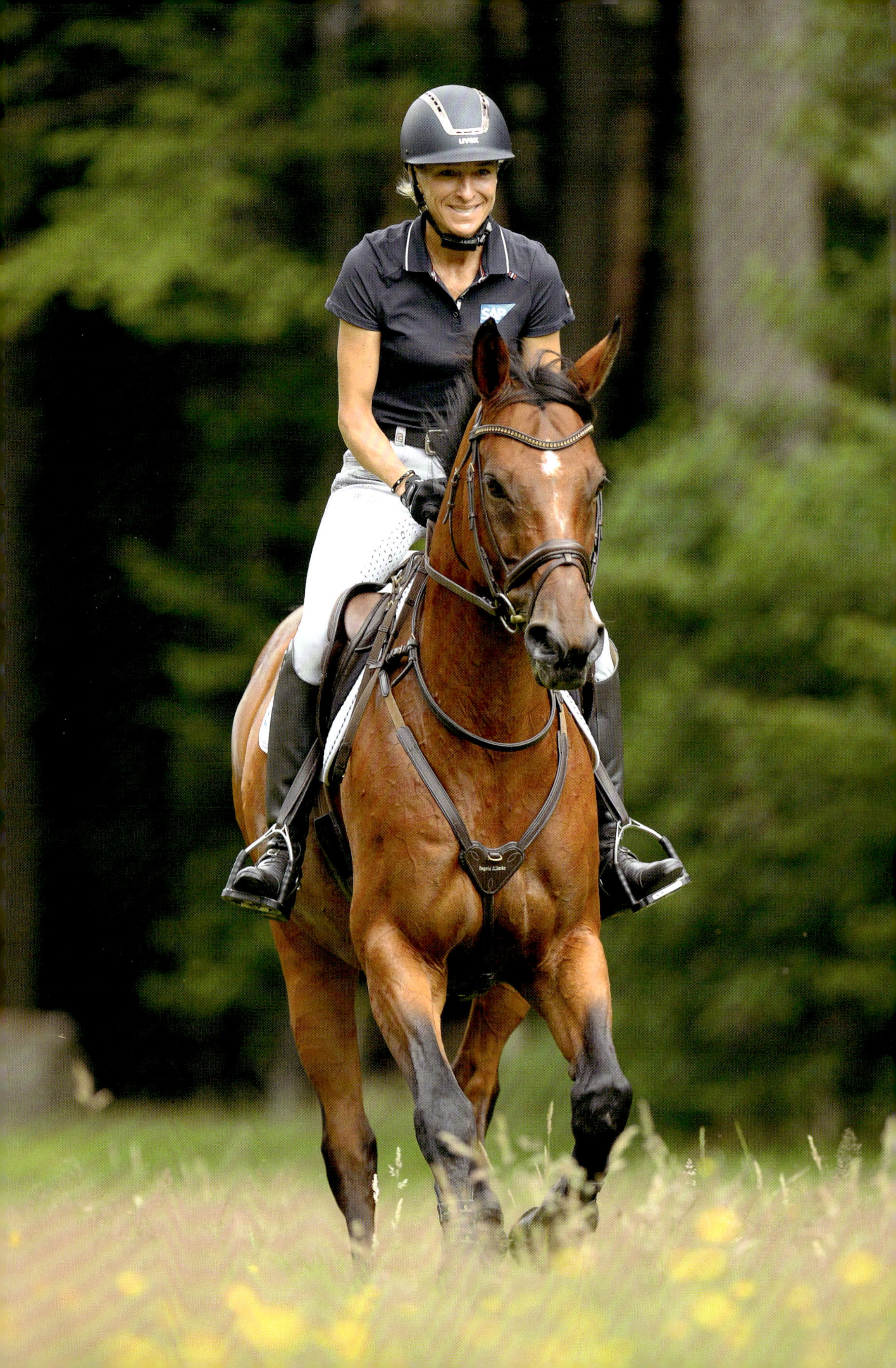
SAP

AM LIEBSTEN DRAUSSEN

Wer mich kennt, der weiß, dass ich am liebsten draußen reite. Ich genieße das Reiten an der frischen Luft bei jedem Wetter und zu jeder Jahreszeit. Für meine Pferde und mich bedeutet es Lebensfreude, eine willkommene Abwechslung im Trainingsalltag, aktive Entspannung, Motivationsschub oder Konditionsaufbau.

Schon als Kind liebte ich unsere sonntäglichen Familienausritte, die oft auch ein bisschen abenteuerlich waren. Im Gelände kann ja immer mal etwas Unvorhergesehenes passieren, was bei uns manchmal der Fall war. Ich fand das sehr spannend. Mein Vater bestand darauf, dass jeder von uns beim Sonntagsausritt dabei war. „Tummeln im Gelände" nannte er das Ausreiten, von dem alle seine Dressurpferde profitierten. Ich habe das von ihm übernommen. Bei unseren beliebten Sonntagsausritten sind wir an den turnierfreien Wochenenden manchmal mit bis zu 10 Pferden unterwegs. Das ist unser Spaß und Erholungstag mit Familie, Team und Freunden. Die Freude am Ausreiten in der Natur steht immer im Vordergrund.

Das Reiten in der Natur macht aber nicht nur Spaß, sondern es schult die Pferde auf vielfältige Weise. Von den Dingen, die sie im Gelände lernen, profitiere ich beim Dressurreiten im Viereck oder beim Springen im Parcours. Für meine Vielseitigkeitspferde ist das Geländereiten ohnehin ein fester Bestandteil ihres Trainingsprogramms.

In diesem Buch zum Reiten im Gelände möchte ich mein Herzensthema mit euch teilen und euch mit meiner Begeisterung fürs Geländereiten anstecken.

Ihr erfahrt alles über die richtige Ausrüstung, die optimale Gruppenzusammenstellung, was ihr für eure Sicherheit beim Ausreiten beachten solltet, wie ihr eure Pferde an Wasserdurchritte gewöhnt, wie ihr kleine Hindernisse überwindet und die Kondition, Ausdauer und Kraft eurer Pferde steigern könnt. Das letzte Kapitel ist mir besonders wichtig, weil ich mich dafür einsetze, dass auch Dressurpferde regelmäßig draußen und im Gelände geritten werden. Hier findet ihr Ideen, wie ihr die Energie und den frischen Wind aus dem Gelände nutzen könnt. Gymnastizierende Übungen, die eurem Dressurpferd Motivation und Kondition fürs Viereck bescheren und zudem seine Gelassenheit und Nervenstärke fördern.

Ich wünsche euch viel Freude mit diesem Buch – auf dass ihr das Ausreiten genießen könnt, euch sicher fühlt und die Natur mit euren Pferden für euch erobert.

Ingrid Klimke

DIE NATUR

— *mit dem Pferd genießen*

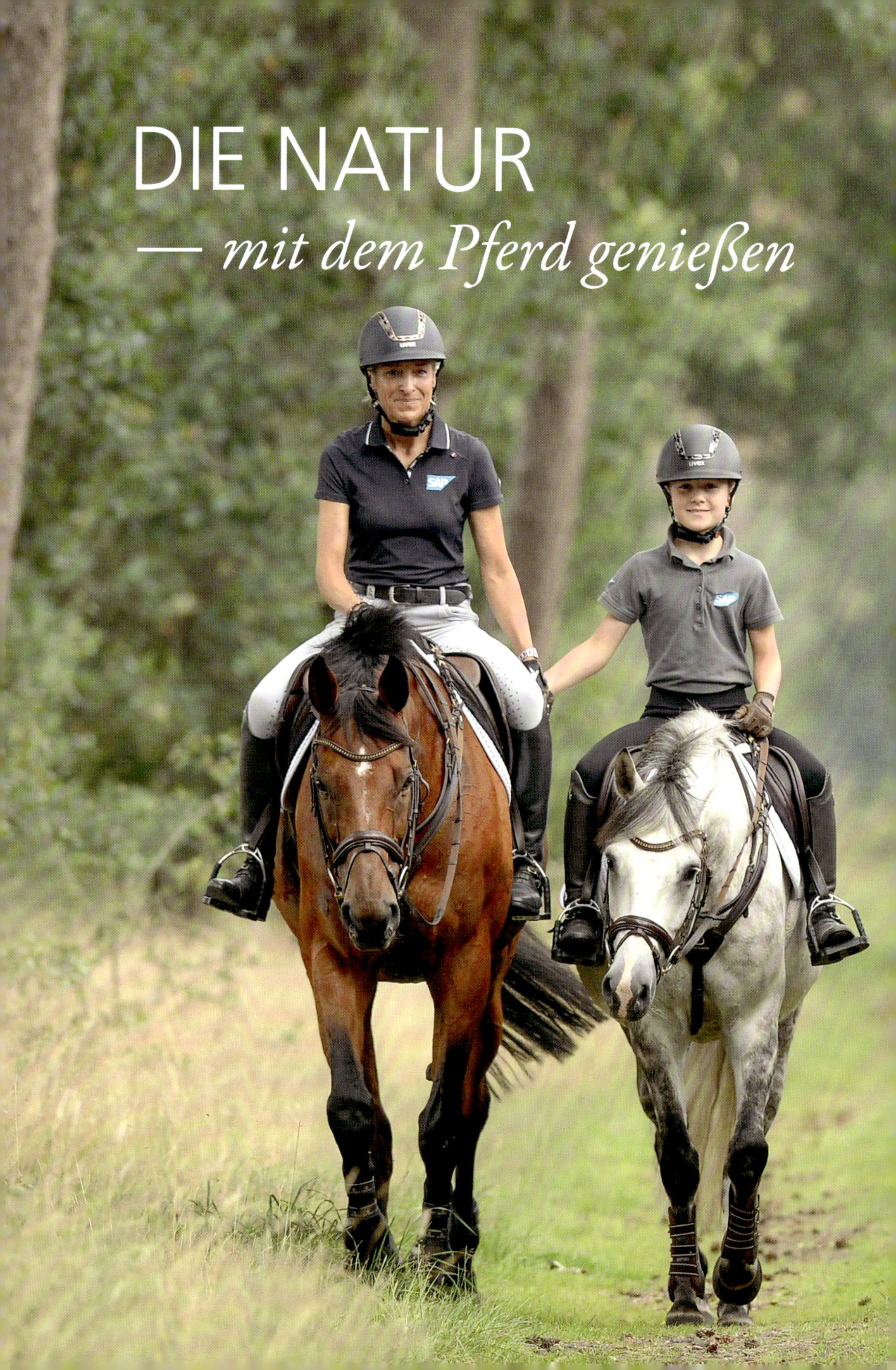

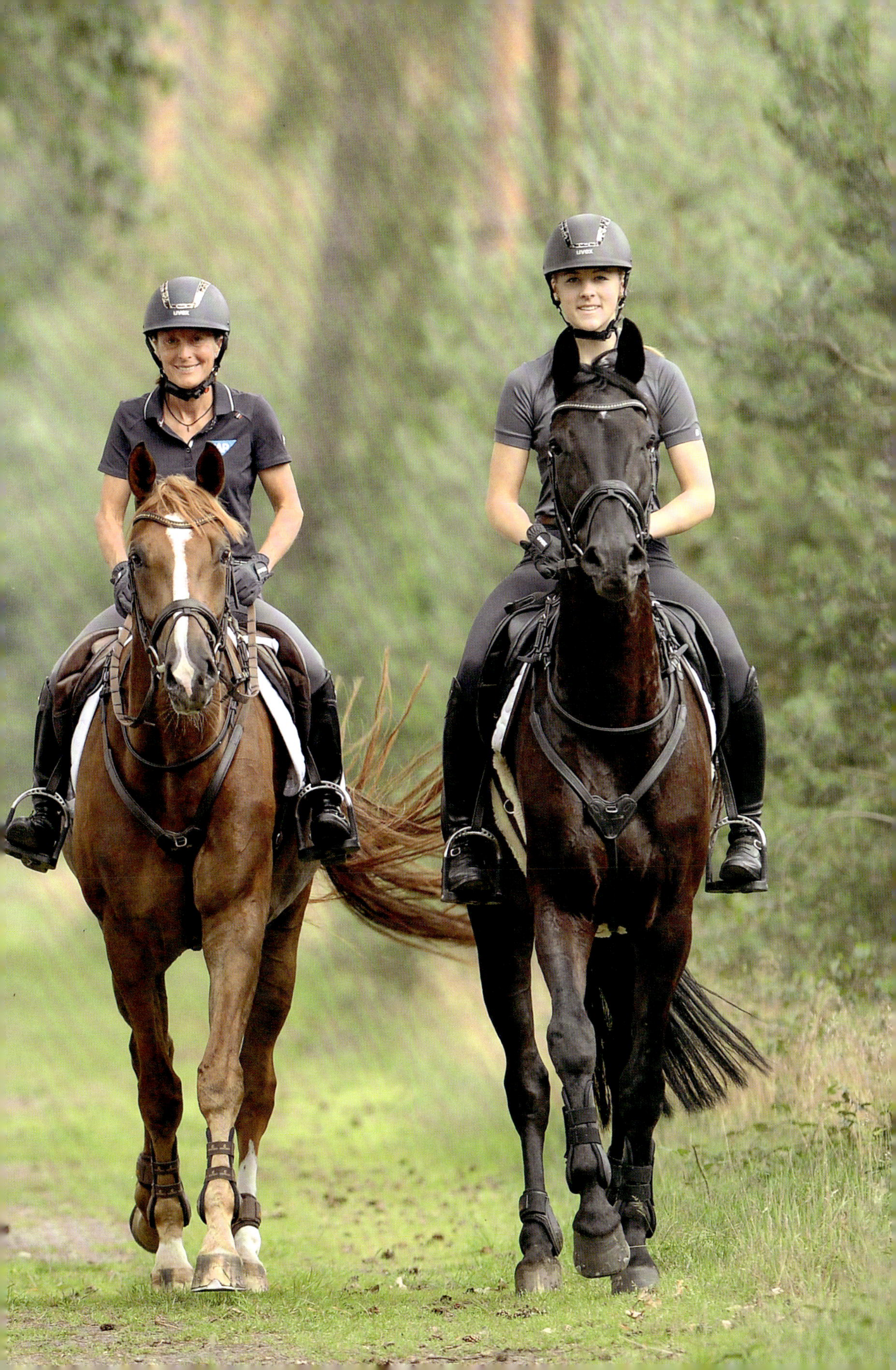

WARUM ICH SO GERNE IM GELÄNDE REITE

Nichts bereitet mir mehr Freude, als mit den Pferden bei einem schönen Ausritt die Natur zu genießen. Wir können die schöne Landschaft erleben, die frische Luft genießen und die Seele baumeln lassen. Ausreiten bedeutet für mich eine aktive Auszeit mit den Pferden, die wir ganz bewusst in unseren Alltag einplanen. Nirgendwo sonst können wir die Bewegungsbedürfnisse unserer Pferde so befriedigen wie beim Reiten im Gelände. Die Bewegung in der Natur innerhalb der Gruppe ist für Pferde das Natürlichste der Welt.
Darüber hinaus bietet das Geländereiten den Pferden eine Abwechslung in ihrem Trainingsplan, die ihre Motivation steigert und sie in vielfältiger Weise schult. Deswegen reite ich mit allen meinen Pferden ins Gelände, auch mit den Dressurpferden und den jungen Pferden.

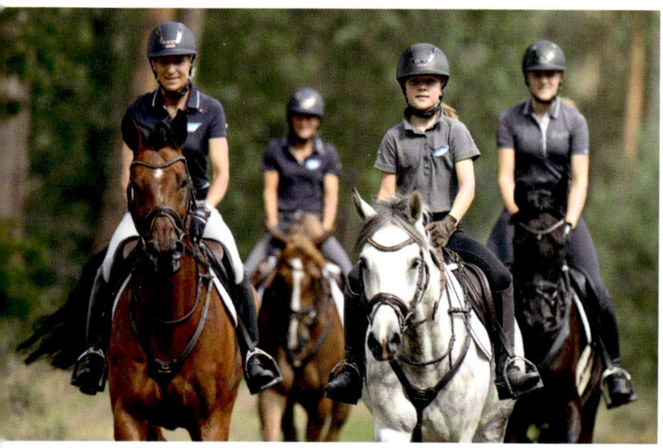

In der Gruppe ist das Ausreiten am schönsten.

ABWECHSLUNG FÜR DRESSURPFERDE

Alle Pferde brauchen Abwechslung und mentale Pausen. Da alle meine Pferde vielseitig ausgebildet werden, genießen auch die Dressurpferde ein abwechslungsreiches Training. Sie sammeln wichtige Erfahrungen außerhalb des Dressurvierecks. Wir üben Dressurlektionen auch mal im Gelände, am Berg oder auf dem Stoppelfeld. Das Reiten am Berg fördert die Kondition, stärkt die Muskulatur, besonders die der Hinterhand und die Rückenmuskeln. Diese vielfältigen Eindrücke und Erfahrungen tragen zur Gelassenheit und Ausgeglichenheit meiner Pferde bei. Die Pferde lernen, selbstständig mitzuarbeiten und schnell zu reagieren.
Dass diese Art der Ausbildung den Pferden guttut, merke ich an ihrer Gelassenheit und ihrer großen Motivation.
Ganz gleich ob ein entspannter Wellnessausritt oder Gymnastizierung am Berg, dein Pferd wird es dir danken und am nächsten Tag mit neuer Kraft und Frische motiviert auf dem Dressurplatz glänzen.

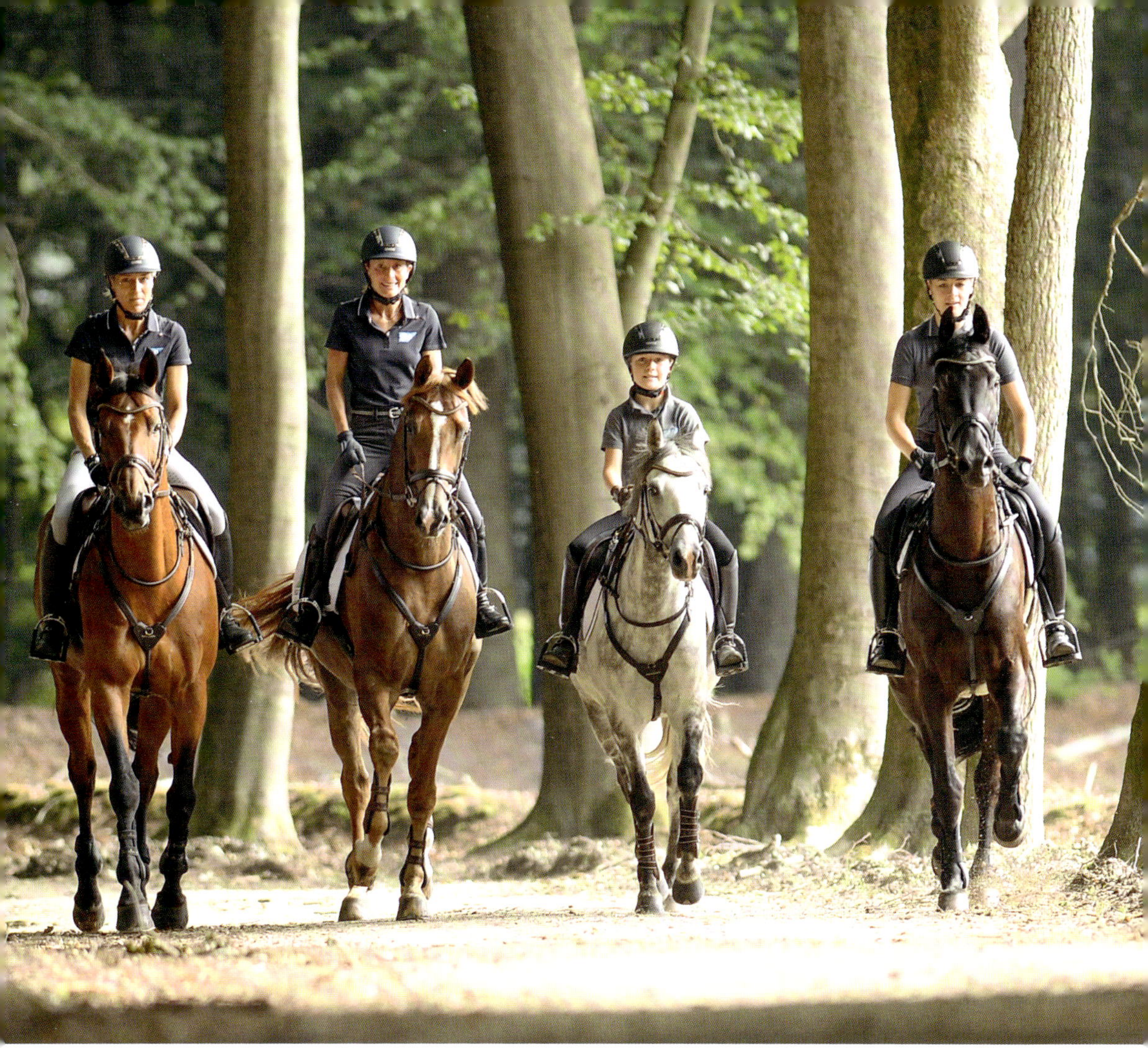

Ausreiten ist für alle Pferde ein Genuss: Vielseitigskeitsstar Bobby, Dressurpferd Firlefranz, Pony Mustang und Vielseitigkeitscrack Scrabble

VIELSEITIGE GRUNDAUSBILDUNG JUNGER PFERDE

Auch junge Pferde sollten möglichst vielseitig und abwechslungsreich ausgebildet werden. Hierbei spielt das Reiten in der Natur bei unterschiedlichen Bodenverhältnissen eine wichtige Rolle. Manche Pferde müssen Geschicklichkeit und Trittsicherheit erst erlernen. Grundsätzlich gilt für alle Pferde: Je freier sie in der Natur aufgewachsen sind und je häufiger sie sich auf unterschiedlichen Böden bewegen, umso ausbalancierter und trittsicherer werden sie. Meine Erfahrung zeigt mir, dass sich das Reiten im Gelände immer lohnt, egal in welche Richtung der weitere Ausbildungsweg dann auch führt. Gerade für die spätere Spezialisierung auf die Disziplinen Dressur und Springen, die wesentlich von der Veranlagung des Pferdes abhängen, ist eine vielseitige Grundausbildung äußerst vorteilhaft. Alles Wichtige zur Ausbildung des jungen Pferdes findet ihr detailliert in meinem Buch „Grundausbildung des jungen Reitpferdes“.

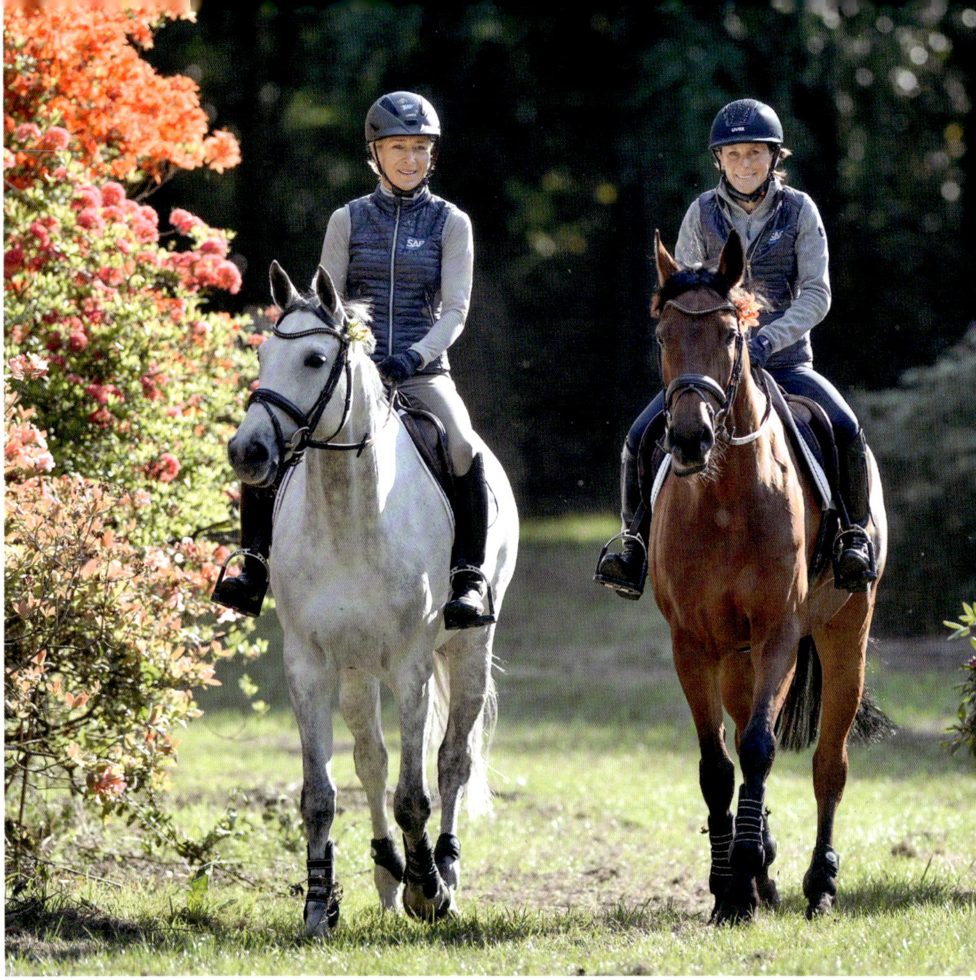

Das Ohrenspiel zeigt, dass beide Stuten die Umgebung aufmerksam und interessiert aufnehmen.

GEWÖHNUNG AN UMWELTREIZE

Die Gewöhnung an unterschiedliche Umweltreize ist für jedes Pferd wichtig. Gerade beim Ausreiten ist mein Pferd vielen Reizen ausgesetzt, die es widerstandsfähiger und belastbarer machen. Egal ob es das Wetter mit Wind und Regen ist oder unbekannte Situationen, wie flatternde Siloplanen, vorbeifahrende Traktoren, plötzliche Geräusche oder Bewegungen, Wildtiere, auf die man beim Ausreiten trifft - all diese Eindrücke stärken den Mut meines Pferdes und fördern seine Gelassenheit. Die gewonnene Nervenstärke kommt mir auch zugute, wenn ich mit meinen Pferden Turniere reite und sie ihre gewohnte Umgebung verlassen müssen.

TRITTSICHERHEIT

Das Reiten im Gelände trainiert den gesamten Pferdekörper. Die natürlichen Reflexe der Pferde werden dadurch geschult. Das Ausreiten fördert die Geschicklichkeit und Trittsicherheit und gewöhnt die Pferde optimal an unterschiedliche Bodenverhältnisse. Dafür eignet sich nahezu jedes Geläuf, wie z. B. Gras-, Sand- oder Waldböden, bergauf und bergab, je nach Witterungsverhältnissen. Beim Training, nicht nur von Vielseitigkeitspferden, ist es ratsam, ausgedehnte Schritt- und kurze Trabstrecken auf festeren Wegen zurückzulegen, um die Sehnen und Bänder der Pferde zu stärken. Voraussetzung hierfür ist natürlich, dass die Pferde rundherum beschlagen sind.

KRAFT- UND KONDITIONSAUFBAU

Die vielfältigen Bewegungsreize fördern auch die Kraft, Ausdauer und Schnelligkeit meines Pferdes. Bei längeren Ausritten mit Trab- und Galoppeinheiten kann ich die Kondition des Pferdes verbessern. Besonders beim Reiten am Berg ist dieser Effekt groß, und zudem wird die gesamte Muskulatur gekräftigt und das Pferd gymnastiziert. Auch meine Dressurpferde werden regelmäßig am Berg trainiert. Mehr dazu könnt ihr ab S. 90 im Kapitel „Gymnastizieren im Gelände" lesen.

DAS LERNT DER REITER

Nicht nur die Pferde lernen viel im Gelände, werden gelassener, geschicklicher und ausdauernder. Auch der Reiter sammelt wichtige Erfahrungen in der Natur. Er lernt sein Pferd noch besser kennen und kann seine Reaktionen besser einschätzen, das gegenseitige Vertrauen wird beim Meistern von neuen Situationen gestärkt.
Der Sitz des Reiters wird durch das Reiten im Gelände sicherer und ausbalancierter. Der Reiter wird sattelfester und gewinnt dadurch an Selbstvertrauen.

AUSREITEN BEI JEDEM WETTER UND ZU JEDER JAHRESZEIT

Ich reite zu jeder Jahreszeit und fast bei jedem Wetter aus. Jede Jahreszeit hat ihre eigenen Reize, finde ich. Der Frühling ist für viele die schönste Zeit zum Ausreiten. Man erlebt das Erwachen der Natur, die Bäume und Büsche blühen, es ist noch nicht so heiß, die Fliegen sind noch nicht da und die Pferde sind frisch und lustig.
Der Sommer lädt zum Wasserspaß ein und zieht uns auch oft in den kühlen Wald. Die Tage sind lang und wir können frühmorgens oder später am Abend noch zu einem Ausritt aufbrechen.
Im Spätsommer und Herbst liebe ich es, über die Stoppelfelder zu reiten und ab und zu an einer Jagd teilzunehmen. Ganz besonders mag ich die stille Atmosphäre eines nebligen Novembermorgens. Die Ruhe in der Natur kommt auch bei mir und meinem Pferd an.
Im Winter hoffe ich immer auf einen schönen Ausritt im Schnee, was leider bei uns in Münster selten vorkommt. Bei beschlagenen Pferden kann sich der Schnee unter den Hufen ballen und aufstollen. Schneegrips schaffen hier Abhilfe.

»Das Reiten in der Natur heißt für mich, die Seele baumeln zu lassen.«

ABWECHSLUNGSREICHE AUSRITTE DURCHS GANZE JAHR

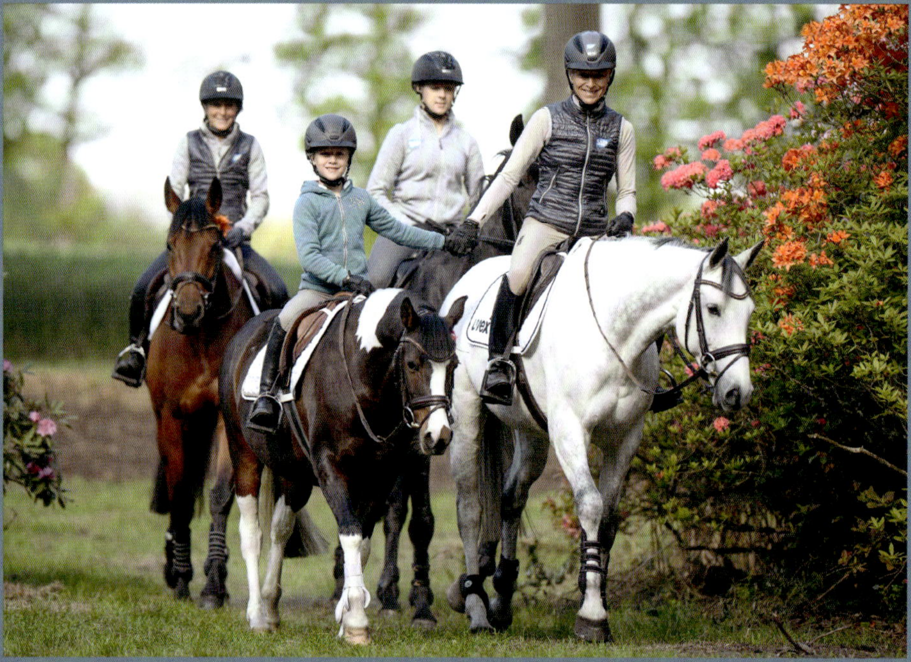

Frühling: Blütenpracht im Mai bei unserem Ausritt durch den Rhododendrenpark.

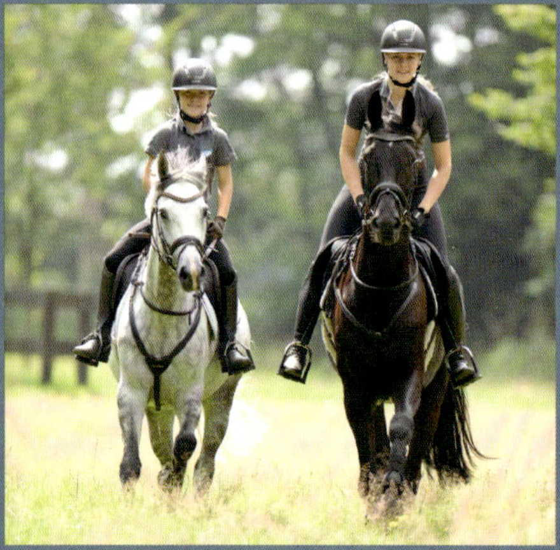

Im Sommer locken Wald und Wiese. Gerne im Galopp, um die Bremsen abzuwimmeln.

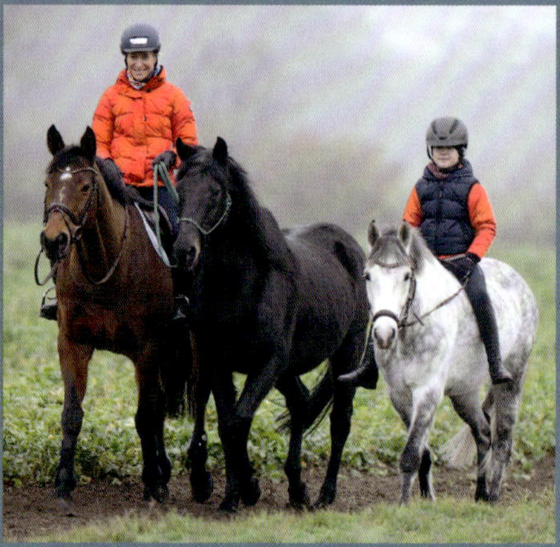

Novembernebel: Auch Senior Braxxi war bis ins hohe Alter gerne als Handpferd mit uns unterwegs.

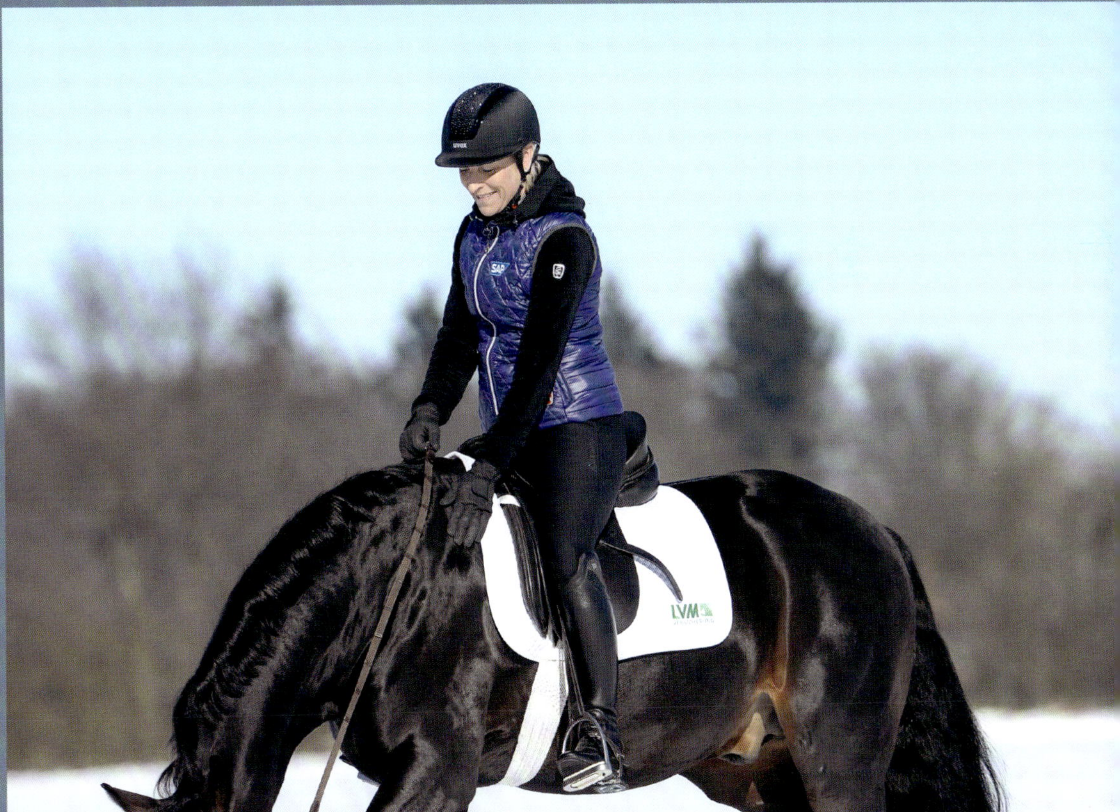

Schneezauber: Freudentänzer erkundet den Pulverschnee.

BEREIT FÜRS GELÄNDE

— entspannt ausreiten

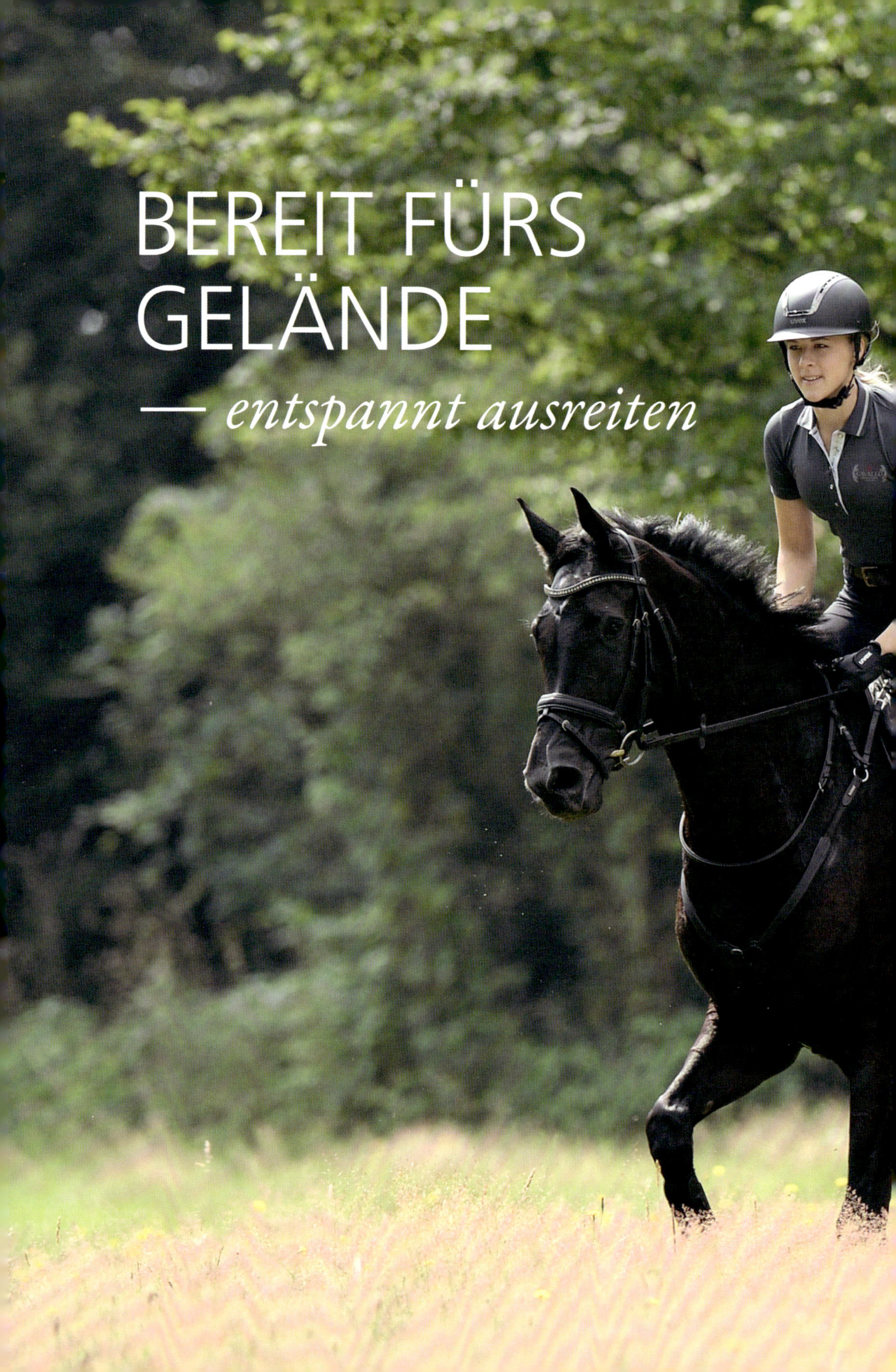

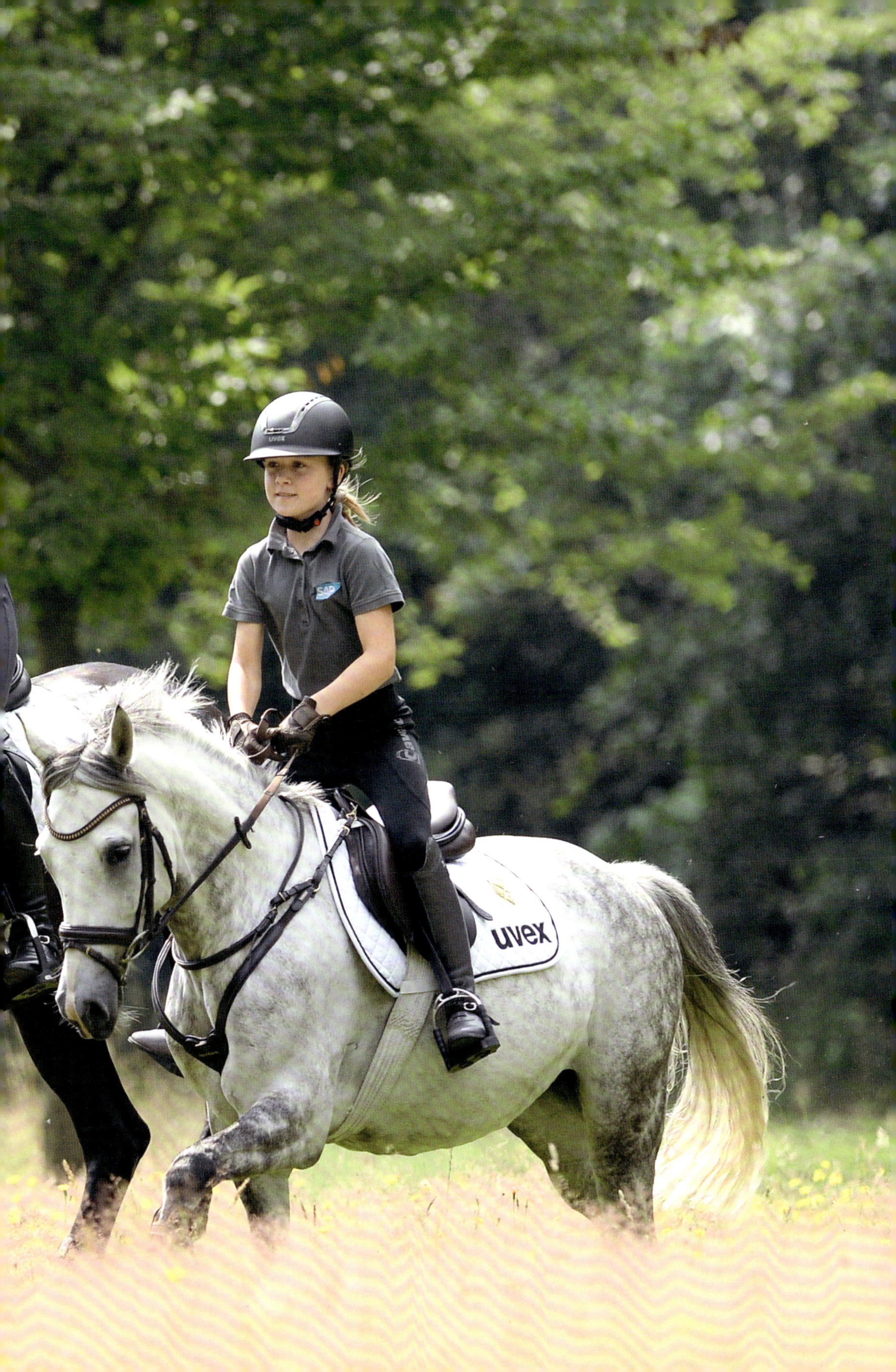
uvex

GRUNDREGELN

DIE AUSRÜSTUNG DES REITERS

Ein wichtiger Aspekt beim Reiten im Gelände ist die Ausrüstung. Im Folgenden geht es darum, welches Equipment du für dich und dein Pferd benötigst. Fangen wir oben an. Wichtig ist natürlich immer der Helm. Reite niemals ohne Helm! Bei langen Haaren ist es sinnvoll, die Haare zusammenzubinden und unter den Helm zu stecken. Beim Ausreiten kann ich mich entscheiden, ob ich eine Sicherheitsweste trage oder nicht. Fühlt man sich sicherer mit Weste, nimmt man sie mit, es ist aber kein Muss. Wenn wir allerdings im Gelände springen, dann sollte die Sicherheitsweste nicht fehlen. Der Reiter hat Handschuhe an und trägt eine Gerte mit sich, damit er im Falle eines Falles sein Pferd damit unterstützen kann. Kleine, stumpfe, abgerundete Sporen sind ebenso wichtig, damit man zur Not die treibende Hilfe unterstützen kann. Im Winter, oder falls ich in die Dunkelheit reite, sorge ich mit einer Leuchtweste dafür, dass man mich sieht.

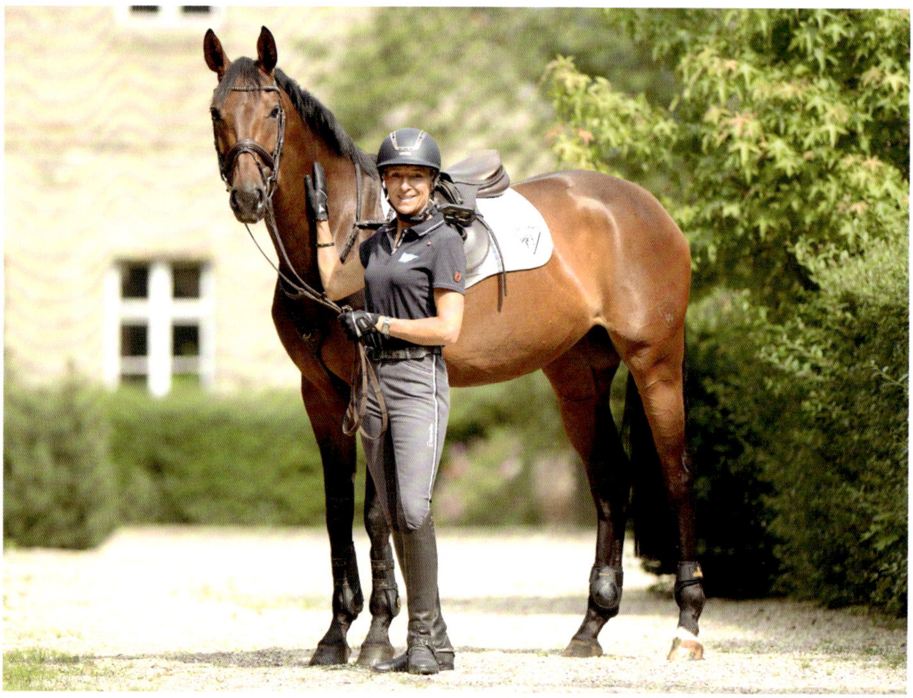

Das Vorderzeug mit integriertem Halsring gehört bei mir zur Standardausrüstung.

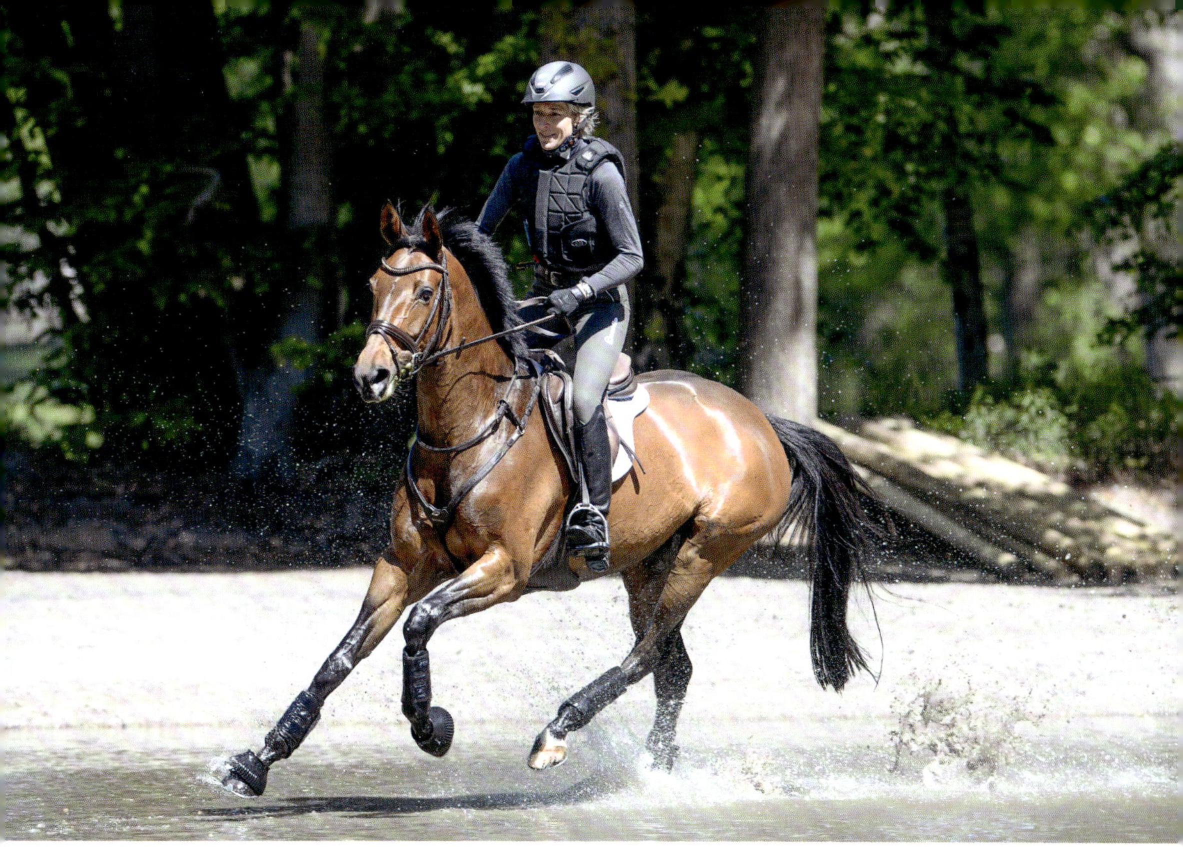

So ausgerüstet können Reiter und Pferd mit viel Spaß im Gelände reiten.

DIE AUSRÜSTUNG DES PFERDES

Das Pferd trägt die Trense, die es aus dem alltäglichen Dressur- oder Springtraining kennt. Dann haben wir das Vorderzeug mit integriertem Halsring, an dem der Reiter sich zur Not auch festhalten kann. Wir reiten mit einem Spring- oder Geländesattel beim Ausreiten oder beim Springen im Gelände. Wichtig ist dabei der Sicherheitssteigbügel, aus dem der Fuß im Falle eines Sturzes rausrutschen kann. Das Pferd ist ausgerüstet mit Spring- oder Geländegamaschen, und wenn es dazu neigt, sich die Eisen abzutreten, trägt es zusätzlich Hufglocken. Je nach Bodenverhältnissen kann es sinnvoll sein, Stollen einzudrehen. Nasse Wiesen können sehr rutschig sein.

In den Sommermonaten ist Fliegenspray im Gelände wichtig. Spätestens wenn die Pferde schwitzen, kommen die Fliegen oder kleinen Mücken. Das stresst die Pferde unnötig und macht sie unkonzentriert oder sogar unwillig. Im Gelände ist das nicht nur nervenaufreibend, sondern kann auch gefährlich werden. Deshalb sprüht euer Pferd immer ausreichend mit Fliegenspray ein, bevor ihr losreitet. Eine Fliegenkappe hält die lästigen Mücken von den Pferdeohren fern.

Wenn ihr in der dunklen Jahreszeit ausreitet oder abends in die Dunkelheit kommt, ist es wichtig, dass euer Pferd durch Leuchtreflektoren an den Gamaschen, eine reflektierende Decke oder einen leuchtenden Halsring gut sichtbar ist.

Vor dem Ausritt kontrollierst du die Ausrüstung deines Pferdes gründlich. Sitzen Sattel und Trense korrekt und sind alle Lederriemen in einem guten Zustand? Dann musst du nur noch nachgurten, die Bügel kürzer schnallen und kannst dich auf deinen Ausritt freuen.

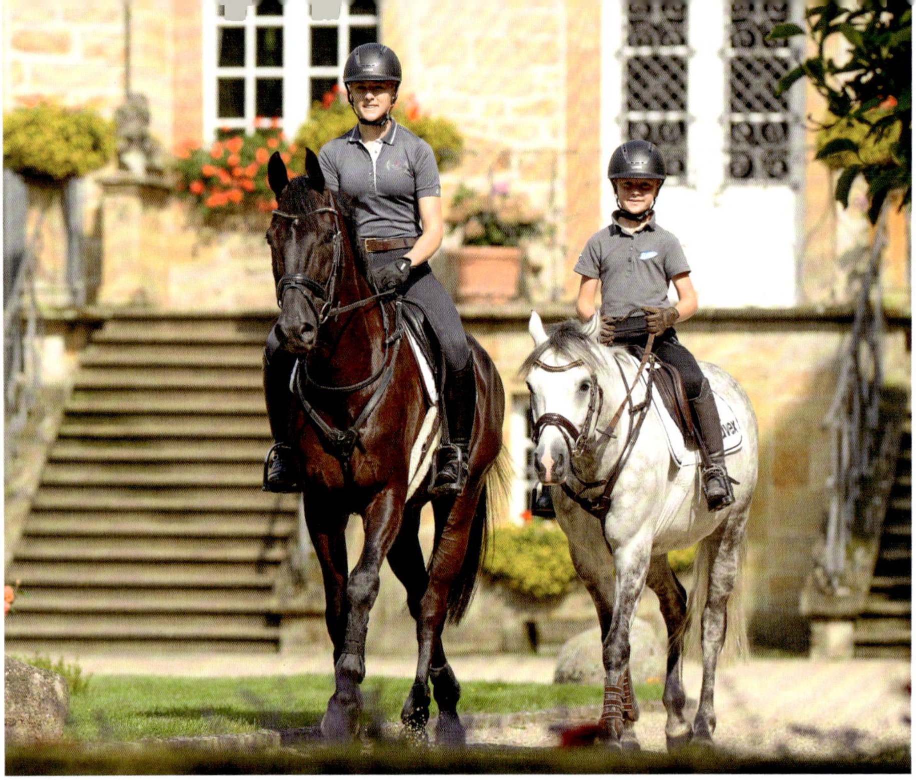

Nie alleine: Zu zweit ist man sicher unterwegs.

NIE ALLEINE

Und nun geht es fröhlich ins Gelände. Dabei sollten einige Dinge beherzigt werden. Die wichtigste Regel lautet: Reite niemals alleine aus.
Anfangs ist es gut, wenn man erst in einer kleinen Gruppe ausreitet. Ideal ist es zu zweit, dann kann immer der eine auf den anderen aufpassen. Die erfahrenen, sicheren Pferde, reitet man gerne zu Beginn im Schritt mit hingegebenem Zügel. Am längst möglichen Zügel reitet der noch unerfahrene Reiter, weil er noch nicht so genau weiß, was auf ihn zukommt.
Gerade am Anfang nimmt der erfahrene Reiter den unerfahrenen Reiter an den Führstrick und vermittelt Sicherheit. Nutze einen Strick mit einem Karabinerhaken, der sich nicht versehentlich öffnen kann. Der Führstrick sollte ausreichend lang sein. Auch im Trab wird der Geländeeinsteiger geführt. Das sorgt für mehr Kontrolle und Sicherheit.
Das Reiten im Gelände unterscheidet sich in einigen Dingen vom Reiten in einer Halle oder auf dem Außenplatz. Pferde fühlen sich als Herdentiere in der Gruppe mit Artgenossen wohl, sodass das Ausreiten gemeinsam mit anderen dem Pferd am meisten entspricht. In Gesellschaft gehen sie willig und gern vorwärts.
Die meisten Pferde sind in der Natur aufmerksamer und wachsamer, manchmal auch ein bisschen ängstlich, sodass der Reiter auf einen plötzlichen Hüpfer gefasst sein sollte.

VORAUSSETZUNGEN FÜR EINEN AUSRITT

- Grundausbildung des Pferdes
- Grundausbildung des Reiters
- Reiter und Pferd passen zusammen
- Reiter und Pferd sind im Training
- Spezielle Anforderungen beim Ausreiten sind bekannt
- Gute Planung des Ausritts

AUSREITEN IN DER GRUPPE

Vor einem Ausritt solltest du die Zusammenstellung deiner Gruppe gut durchdenken. Wir machen uns vorher immer Gedanken, wer an welchem Platz sicher ist. Im Folgenden erkläre ich euch, was zu berücksichtigen ist.

ZUSAMMENSTELLEN DER GRUPPE

Beim Ausreiten in der Gruppe ist ein erfahrenes Pferd-Reiter-Paar unerlässlich. Das unerschrockene Führpferd sorgt für Ruhe in der Gruppe. Das gilt vor allem für schwierigere Situationen, wie beim Überqueren von Straßen, dem Vorbeireiten an unbekannten Gegenständen oder dem Durchreiten von Wasser. Das erfahrene Paar dient den anderen Pferden und Reitern als verlässliche Stütze.

Ein ängstlicher Reiter sollte nur mit einem unerschrockenen und erfahrenen Geländepferd ausreiten. Der Reiter wird lernen, sich auf seinen Partner Pferd zu verlassen, und allmählich selbstsicherer werden. Mit einem routinierten Pferd kann auch ein ängstlicher Reiter die Gruppe anführen. Der erfahrene Reiter muss vorausschauend agieren und dem Pferd in ungewohnter

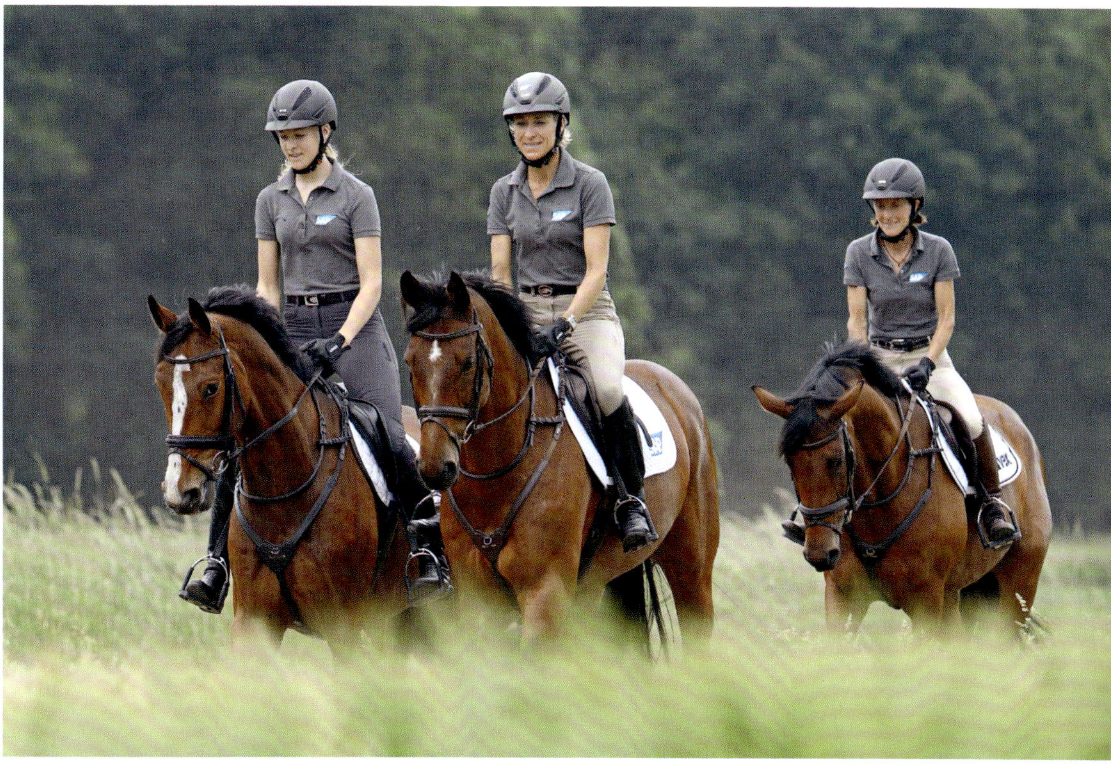

Die beiden erfahrenen Pferde führen die Gruppe an.

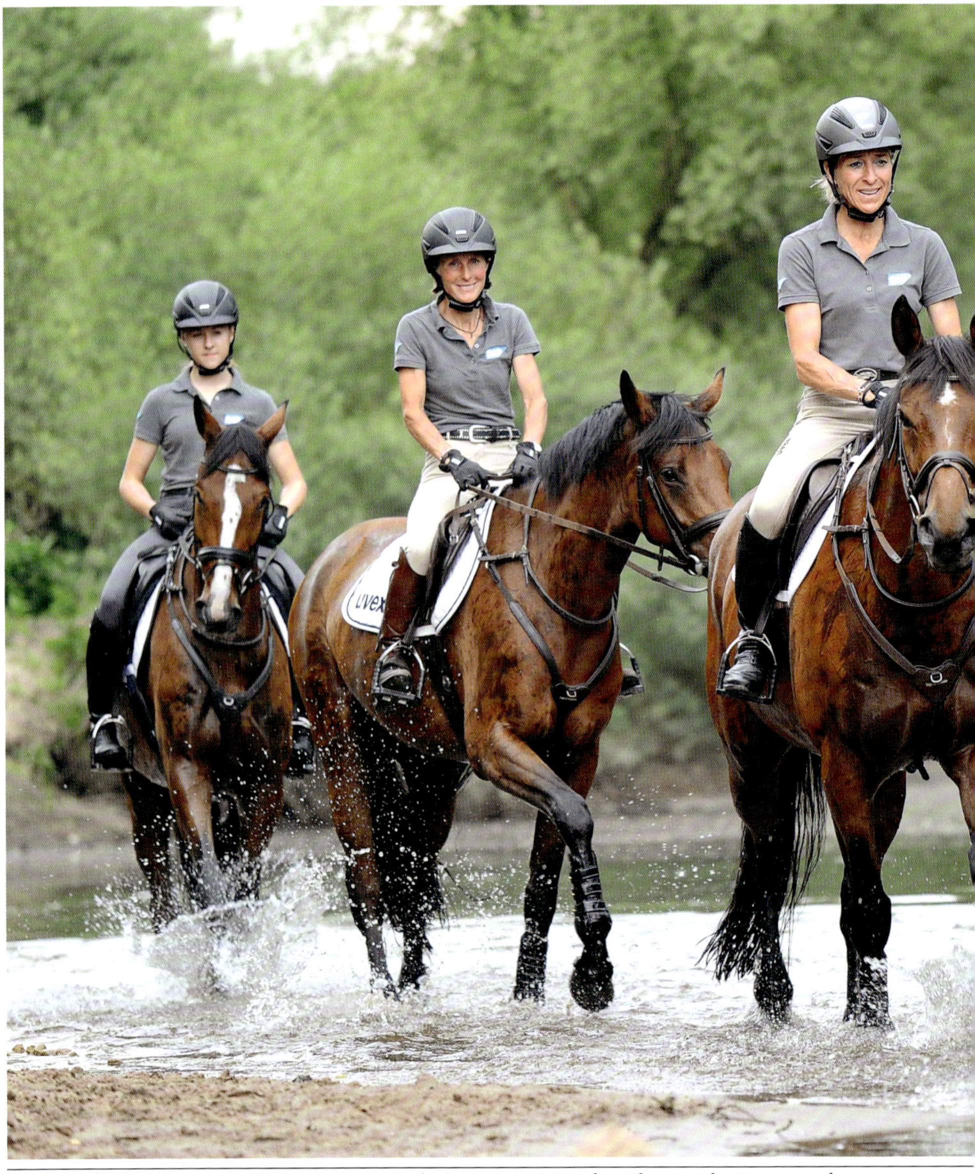

Wenn die Sicherheit gewährleistet ist, kann auch ein junger Reiter den Platz an der Tete einnehmen.

Umgebung Sicherheit vermitteln. Der erfahrene Reiter kann auch ein junges, unerfahrenes Pferd reiten und ihm die nötige Sicherheit geben. In der Gruppe kann dieses Paar die Rolle des Hintermanns einnehmen. Das junge Pferd kann sich an seinen Artgenossen orientieren. Der erfahrene Reiter behält die Gruppe im Blick und beisammen.

Ein weniger erfahrener Reiter sollte einen Platz innerhalb der Gruppe einnehmen, das hilft ihm beim Kontrollieren seines Pferdes. Vor ihm sollte unbedingt ein braves Pferd gehen, das nicht ausschlägt, wenn man ihm zu nahe kommt.
Findet sich ein Geländeanfänger in der Gruppe wieder, sollte immer hinterfragt

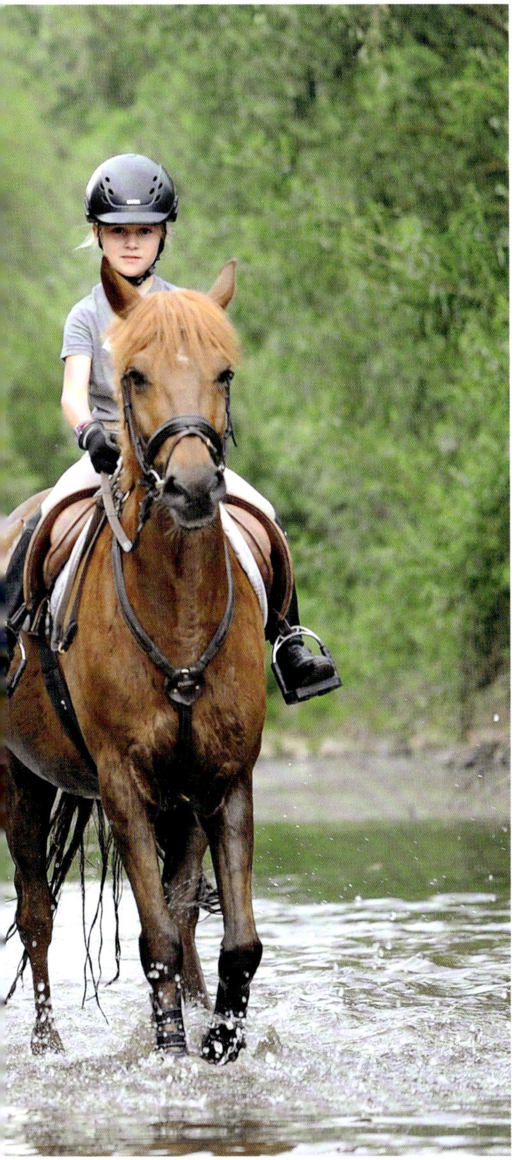

werden: Ist der Reiter schon bereit, frei zu reiten? Oder sollte er lieber an einem Strick geführt werden? Sicherheit steht beim Ausreiten immer an oberster Stelle.

Vorweg haben wir oft zwei brave Stuten, die überall vorbeigehen und die vor allen Dingen nicht schlagen. Dahinter sind nämlich meist die beiden Kinder mit den Ponys, die zur Not noch aufreiten müssen, falls die Ponys doch mal durchgehen oder es zum Kontrollverlust kommt: Dann brauchen wir zwei sichere Pferde, bei denen die Kinder zur Not aufreiten können. Und zum Schluss haben wir die Pferde, die ausschlagen und auf keinen Fall in der Mitte der Gruppe, sondern immer hinten gehen müssen.

Bei der Wahl des Platzes, wer an welchem Platz sicher ist, muss man einerseits bedenken, dass zum Beispiel Hengste natürlich nie hinter Stuten gehen und ein Pferd, das ausschlägt, immer nach hinten gehört. Aber auch, dass vor allem ranghohe Pferde oft am liebsten vorne an der Tête gehen. Wir lassen sie dann gerne an ihrem bevorzugten Platz gehen, damit sie nicht womöglich von hinten die Gruppe überholen, weil sie unbedingt nach vorne wollen.

Wenn die Sicherheit gewährleistet ist, ändern wir auch ab und zu die Reihenfolge innerhalb der Gruppe. Können junge und weniger erfahrene Reiter ihr Pferd sicher innerhalb der Gruppe kontrollieren, sind sie bereit, auch den Platz an der Tête einzunehmen. Sie müssen lernen, ihre Pferde selbstständig vorwärtszureiten, sie zu lenken und zu kontrollieren. Auch das geschieht am besten in einer Gruppe mit erfahrenen und ruhigen Pferden.

Bei uns sind das zum Beispiel Ida und Philippa mit ihren Ponys. Klappt das in der Gruppe mit den Ponys in der Mitte, ist es Zeit, die Ponys daran zu gewöhnen, dass sie auch mal nach vorne kommen. Sind sie so gelassen wie hier, reiten wir am liebsten am

RÜCKSICHT AUF DEN SCHWÄCHSTEN

Die Rücksicht auf Schwächere ist beim Gruppenreiten wichtig. Gangart, Tempo und Schwierigkeitsgrad der Strecke sind dem schwächsten Reiter und dem schwächsten Pferd anzupassen.

längst möglichen Zügel, sodass im Falle eines Falles der Reiter immer noch Kontrolle hat, aber die Pferde sich auch schön entspannt in der Natur frei bewegen dürfen. Man sieht auch, dass sich Reiter und Pferde entspannen und das Ausreiten in der Gruppe genießen. Und jetzt wird's aber höchste Zeit, dass die Ponys mutig vorwegtraben und sich die beiden erfahrenen Stuten auch in der Mitte bewähren.

Der Schlussreiter hat eine besonders wichtige Funktion für das Zusammenbleiben der Gruppe und die Sicherheit jedes Einzelnen. Bei einem Sturz hält die Gruppe so prompt wie möglich an, beim Zurückbleiben eines Reiters reduziert sie ihr Tempo in entsprechendem Maß. Es kann auch notwendig werden, dass ein Reiter aus der Gruppe zurückreitet, um einem anderen Reiter Hilfe zu leisten.

Auch das Mitführen eines Handpferdes sollte beherrscht und vorher geübt werden, falls ein Mitreiter sich verletzt hat und nicht selbst nach Hause reiten kann oder sich ein Reiter unsicher fühlt und gerne ans Seil genommen werden möchte.

Der Vordermann darf nicht überholt werden. Wenn es doch dazu kommen sollte, dass ein Reiter sein Pferd nicht auf Sicherheitsabstand halten kann – und auch die Möglichkeit, auf großem Bogen abzuwenden, nicht besteht –, dann muss er seinem Vordermann zurufen, dass er ihn überholen wird.

Wo es der Besitzer erlaubt hat, auf Wiesen zu reiten, kann man auch auf der ganzen Breite verteilt reiten, um eventuellen Flurschaden zu vermeiden. Es kann dabei auf einer Linie oder gestaffelt geritten werden.

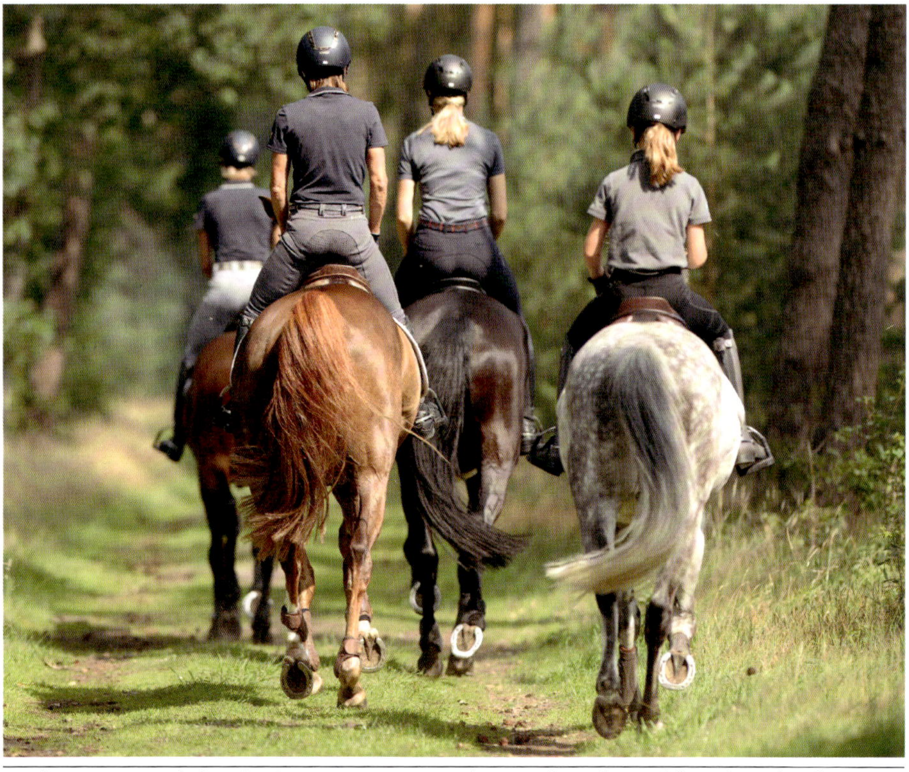

Die hinteren Reiter halten die Gruppe zusammen und müssen besonders auf ihre Abstände achten.

RÜCKSICHT

Ein wichtiges Gebot ist auch die Rücksicht auf Fußgänger und Radfahrer. Auf sie macht der Anfangsreiter durch Handzeichen oder Zuruf rechtzeitig aufmerksam. Falls an ihnen nicht in einem großen Bogen vorbeigeritten werden kann, pariert die Gruppe zum Schritt durch. Erst in angemessener Entfernung darf wieder angetrabt oder angaloppiert werden. Auch andere Hinweise und Informationen werden vom Anfangsreiter durch Zuruf oder Handzeichen nach hinten durchgegeben, zum Beispiel das Wechseln der Gangart oder der Hinweis auf Gefahrenmomente wie Stacheldraht, Löcher usw. Das Zurückbleiben oder der Sturz eines Reiters sind sofort von hinten nach vorne durchzugeben; schon aus diesem Grund ist der Sichtkontakt unbedingt einzuhalten!

RÜCKSICHT IM ÜBERBLICK

Fußgänger:
freundliches Begegnen im Schritt

Landwirtschaftliche Maschinen:
Erntearbeiten beobachten, Begegnungen vermeiden

Forstwirtschaftliche Arbeiten:
weiträumig umgehen

Jagd:
Waldränder, Hochsitze, Wildbeobachtungsstände in Morgen- und Abenddämmerung meiden

Natur- und Umweltschutz:
Rücksicht nehmen und eigenes Reitvergnügen in geschützten Gebieten zurückstellen

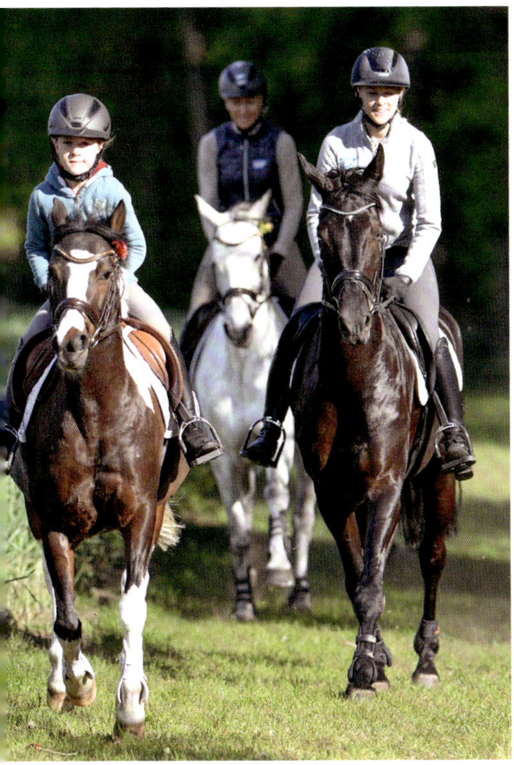

Führungswechsel: Vorne zu reiten, muss geübt sein.

ABSTAND HALTEN

In der Regel sind circa zwei Pferdelängen Abstand optimal. Ist der Abstand zu groß, wollen die Pferde oft aufreiten und suchen den Anschluss an die Gruppe. Ist der Abstand zu dicht, besteht immer die Gefahr, dass das Vorderpferd ausschlägt und tritt. Zwei Pferdelängen Abstand hat sich bei uns in der Praxis ganz gut bewährt. Der Hintermann, der Lumpensammler, hat eine ganz wichtige Aufgabe. Er muss die Gruppe zusammenhalten und zur Not auch nach vorne rufen, falls irgendetwas in der Mitte der Gruppe nicht in Ordnung ist.

AUFWÄRMPHASE

Gönne deinem Pferd und seinen Muskeln, Sehnen und Gelenken auch im Gelände eine ausreichend lange Aufwärmphase. Reite mindestens 15 Minuten Schritt, ehe du in den Trab übergehst. Wenn die Gruppe

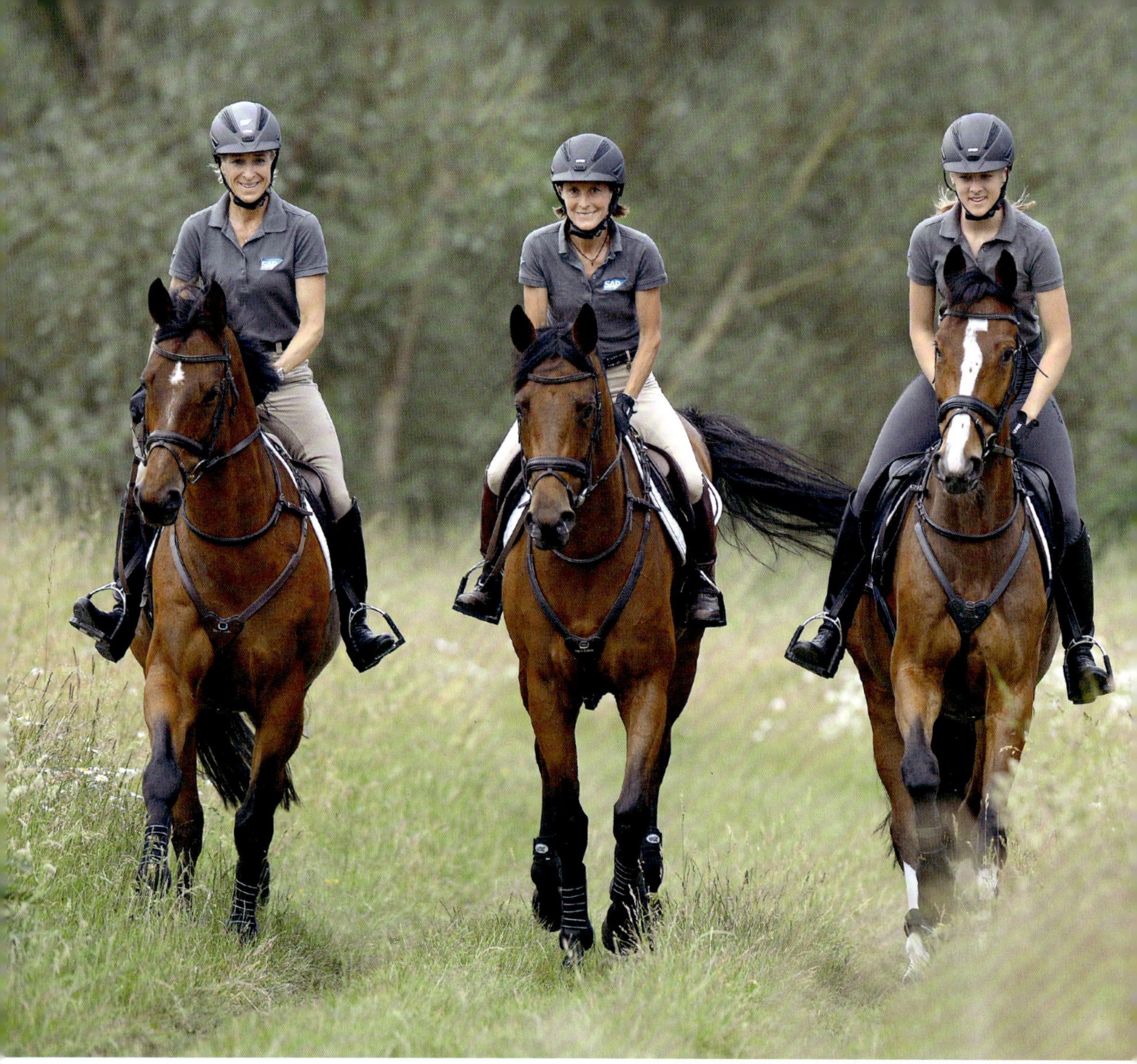

Die sichere Verbindung zum Pferdemaul, der tiefe Druck im Absatz und der Blick des Reiters immer nach vorne gerichtet

aufgewärmt ist, könnt ihr antraben. Im Gelände wird immer leicht getrabt, das entlastet den Rücken des Pferdes.

SITZ UND EINWIRKUNG DES REITERS

Im Gelände werden die Bügel zwei bis vier Loch kürzer geschnallt als beim Reiten in der Halle oder dem Platz. Im Trab wird, wie schon erwähnt, immer leichtgetrabt, um den Pferderücken und sich selbst zu entlasten. Denke auch an das regelmäßige Fußwechseln, damit das jeweilige diagonale Beinpaar gleichmäßig belastet wird. Im Galopp wird – ebenfalls zur Entlastung des Pferderückens und des Reiters – der leichte Sitz eingenommen. Achte darauf, dass das Pferd gleichmäßig abwechselnd im Links- und im Rechtsgalopp geht, damit nicht eines der beiden Vorderbeine überlastet wird. Galoppiert das Pferd nicht im gewünschten Galopp an oder wechselt es den Galopp bereits nach einigen Sprüngen, kannst du durchparieren und von Neuem angaloppieren. Wer einen fliegenden Wechsel beherrscht, darf natürlich auch auf diese Art den Galopp wechseln.

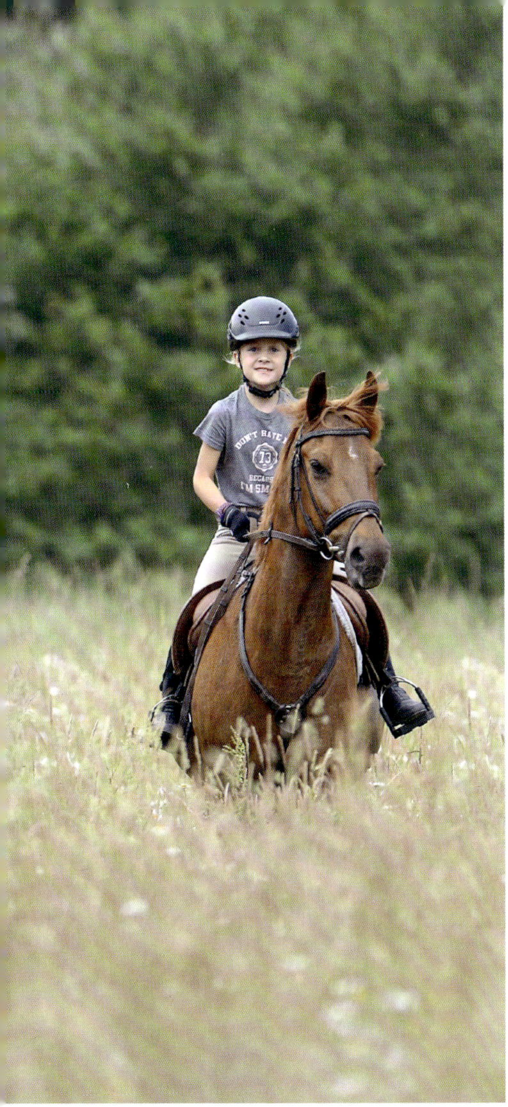

Dann kann der Reiter jederzeit sicher einwirken.

BODEN-BESCHAFFENHEIT

Bei allen Ausritten ist die Bodenbeschaffenheit für die Gesundheit des Pferdes von Bedeutung. Der Boden sollte weich und federnd und weder zu feucht noch zu tief sein; das gilt ganz besonders für das Galoppieren in höherem Tempo. Trockener Gras- und Sandboden eignen sich hierfür am besten. Aber auch diese Untergründe verändern sich je nach Wetterlage. Sandboden kann bei langer Trockenheit oder andauerndem Regen tief werden. Wiesenboden kann bei Nässe sehr tief oder rutschig werden, bei Trockenheit hart.

Auf Feldwegen mit tiefen Treckerspuren reitet man am besten auf dem Mittelstreifen. Unbeschlagene Pferde gehen Wege mit Steinen, Schotter oder Split am besten mit Hufschuhen.

Voraussetzung zum Galoppieren ist eine übersichtliche, ebene oder leicht ansteigende Strecke. Unbedingt zu vermeiden ist das Galoppieren auf Steinen und befestigten Schotterwegen.

Wir wollen unsere Natur erhalten und halten uns selbstverständlich an die entsprechenden Regeln. Ritte abseits der Wege, durch Forstkulturen, Dickungen, eingesäte Äcker und Neuanpflanzungen sind tabu. Am geeignetsten sind Feld- und Waldwege sowie Wiesen, auf denen Reiten ausdrücklich erlaubt ist.

TEMPO

Es ist wichtig, dass die Reiter im Gelände immer eine sichere Verbindung zum Pferdemaul haben, sodass der Zügel nicht durchhängt, sondern sie ein ganz kontrolliertes Tempo wählen können. Anfangs nicht zu frei, sondern immer schön reguliert und kontrolliert. Nach der lösenden Trabphase kann ich – je nach Gruppenzusammenstellung und Temperament der Pferde – in einen frischen Arbeitstrab übergehen. Nach der Trabphase kann der erste ruhige Galopp entwickelt werden.

In einer späteren Phase des Rittes kann über kürzere Strecken auch einmal das Galopptempo erhöht werden. Temperamentvollen Pferden bekommt es sogar sehr gut, wenn sie sich im Galopp einmal voll auspowern dürfen. Dabei muss das Pferd jedoch immer

LANGER UND HINGEGEBENER ZÜGEL

Am langen Zügel heißt, dass die Zügel dem Pferd so viel Halsfreiheit geben, wie es sie braucht, um sich an die Hand heranzudehnen; der Reiter behält dabei eine leichte Verbindung zum Pferdemaul. Mit hingegebenem Zügel bedeutet, dass die Zügel ganz lang gelassen, also hinten an der Schnalle angefasst werden: Es besteht keine Verbindung zwischen Reiterhand und Pferdemaul.

unter Kontrolle bleiben, muss sich also stets durchparieren lassen, sobald es notwendig ist. Achte darauf, dass du nach dem Trab, vor allem aber nach jedem Galopp, eine ausgiebige Schrittpause zur Entspannung einlegst. So können du und dein Pferd wieder zur Ruhe finden und du läufst nicht Gefahr, dein Pferd zu überfordern. Puls und Atmung des Pferdes beruhigen sich.
Man kann sagen, dass auf jede größere Anstrengung ein ruhiges, zwangloses Bummeln im Schritt folgt, das nicht nur der körperlichen Erholung, sondern auch der mentalen Ausgeglichenheit des Pferdes dient. Wenn das Pferd ruhig und entspannt ist, reitet man Schritt am langen Zügel, hält also eine leichte Verbindung zum Pferdemaul. Bei gelassenen, sicheren Pferden und in ebenem und übersichtlichem Gelände, können die Zügel hingegeben werden.
Ebenso wichtig wie das Fußwechseln im Trab und Galopp ist ein ausgewogener Wechsel zwischen den verschiedenen Gangarten. Achte darauf, dass das Pferd nicht zu stark schwitzt. Besonders bei längeren Ausritten gilt als Hauptregel das Haushalten mit den Kräften des Pferdes. Außerdem ist ein sicherer Takt der Pferdebewegung wichtig, damit das Pferd zur Losgelassenheit findet. Der Reiter muss deshalb darauf achten, dass Tempo und Schrittlänge nicht ständig verändert werden. Die Länge der Gesamtstrecke hängt von der Verfassung und dem Trainingszustand des Pferdes und des Reiters sowie von den Bodenverhältnissen ab. Ein Ausritt von ein bis zwei Stunden kann – mit entsprechenden Schrittpausen – ohne Rast jedem gesunden, im Training stehenden Pferd zugemutet werden.

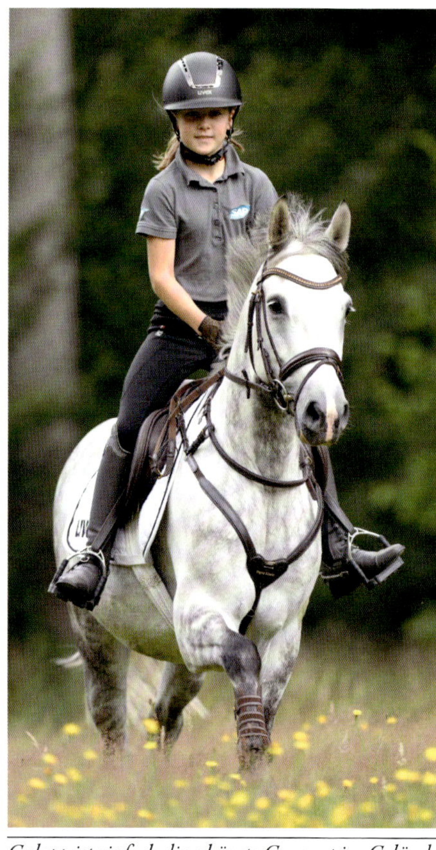

Galopp ist einfach die schönste Gangart im Gelände.

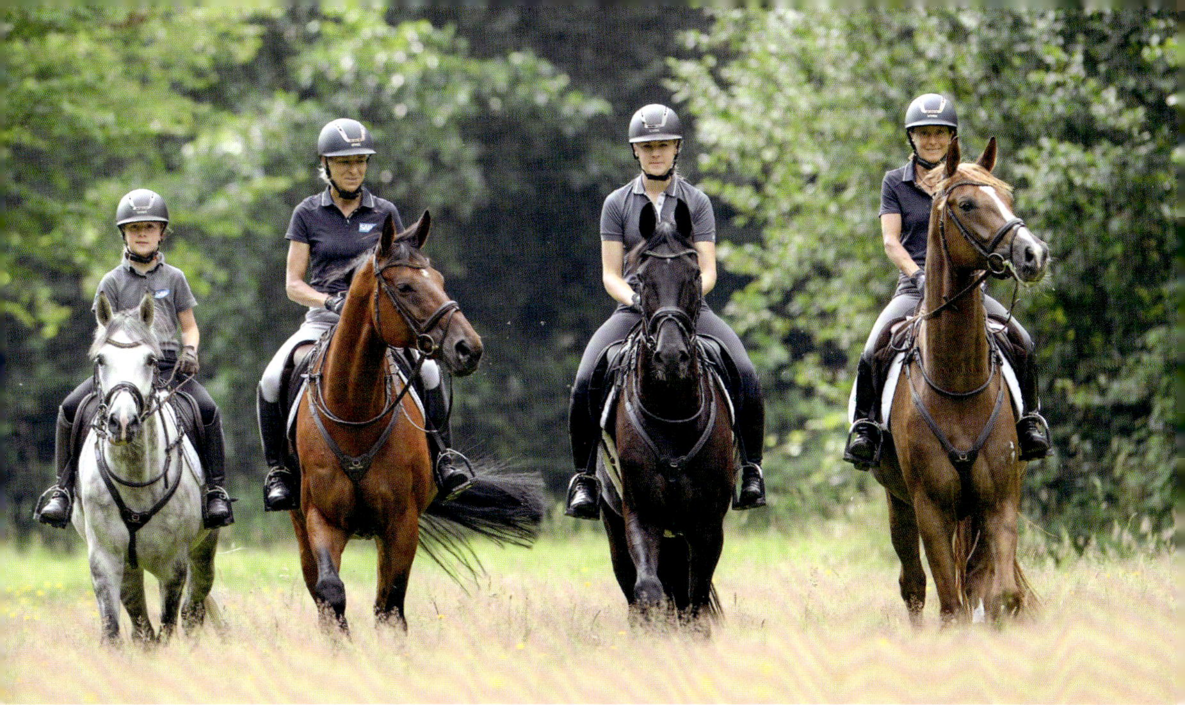

Schrittpause: Bummeln mit hingegebenem Zügel

GEORDNETES DURCHPARIEREN

Natürlich ist auch das geordnete Durchparieren wichtig. Durch Handheben muss der Vordermann einen Tempowechsel anzeigen, damit die Gruppe nicht aufreitet, sondern rechtzeitig parieren kann. Dies geschieht mit lautem Kommando „Durchparieren zum Schritt“ und dem gleichzeitigen Heben der linken Hand. Beim Reiten in der Gruppe hintereinander ist es wieder wichtig, dass das sichere Führpferd vorweggeht. Dann halten alle anderen Reiter zwei Pferdelängen Abstand und parieren ebenfalls durch. Deine Hände bleiben ruhig und tief, gleichzeitig gibst du mehrere halbe Paraden, bis dein Pferd in die gewünschte Gangart wechselt. Die beruhigende Stimme darfst du als zusätzliches Hilfsmittel einsetzen. Ein tiefes Ausatmen des Reiters unterstützt viele Pferde, die Hilfe besser zu verstehen. Der Hintermann passt auf, dass die Gruppe zusammenbleibt, und meldet auch dem Vordermann, wenn innerhalb der Gruppe die Kontrolle verloren geht.

WEGREITEN VON DER GRUPPE

Es können im Gelände aus den unterschiedlichsten Gründen Situationen eintreten, in denen ich mich von der Gruppe entfernen muss. Deshalb will auch das Wegreiten von der Gruppe geübt sein.
Am besten beginnt man das Wegreiten von den anderen Pferden im Schritt und anfangs nur über eine kleinere Strecke, die dann immer etwas ausgedehnt wird. Hierfür kann ich eine Kehrtwendung reiten.
Die Kehrtwendung ist ein Bogen, der nicht zum Kreis geschlossen wird, sodass die Reiter nachher in umgekehrter Richtung reiten.

WEGREITEN VON DER GRUPPE

Das Pferd von der Gruppe zu lösen, kann zunächst auch dadurch geübt werden, dass eine Zweiergruppe an einer Kreuzung oder Weggabelung eine andere Richtung als die übrigen Reiter einschlägt.

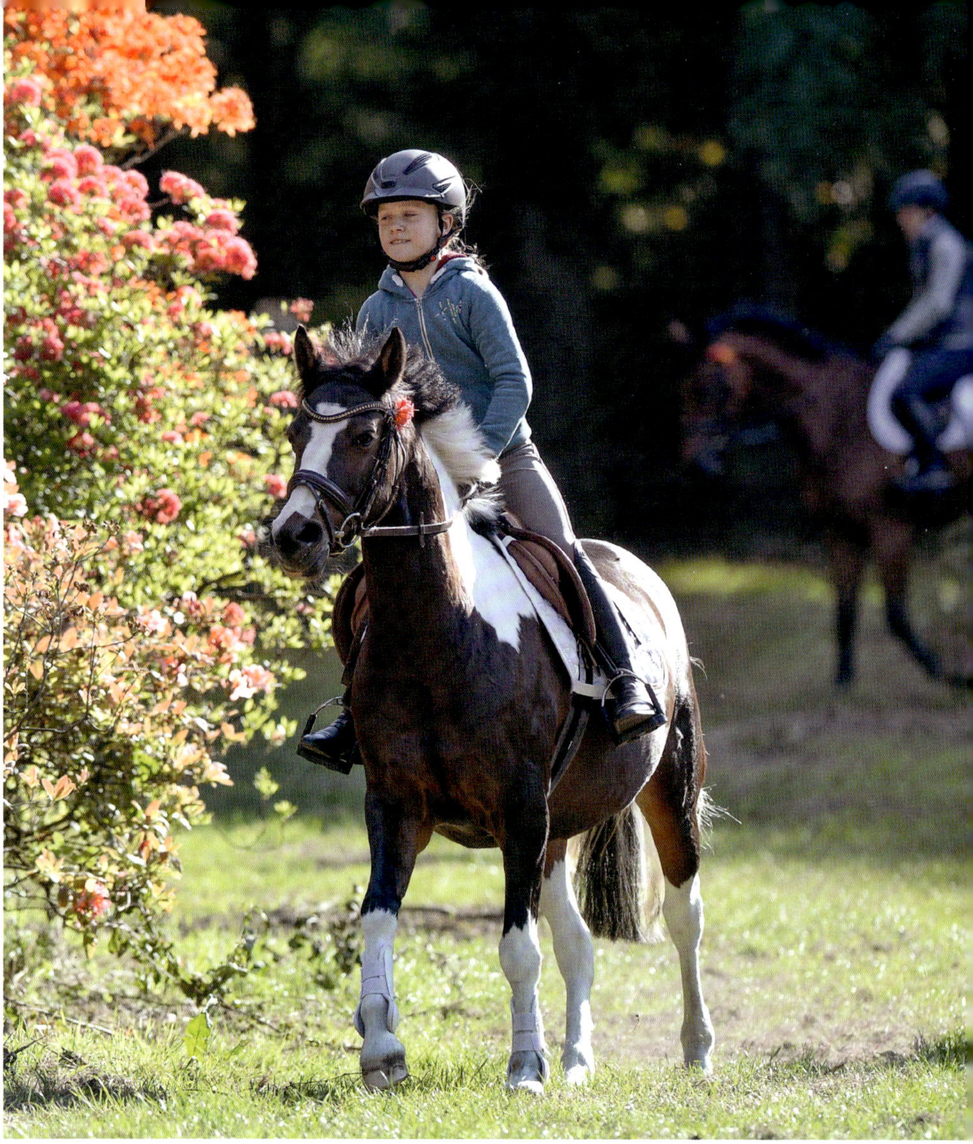

Philippa übt das Wegreiten von der Gruppe.

Eine Kehrtwendung im Schritt oder im Trab kann zum Beispiel aus Gründen der Hilfeleistung (z. B. beim Zurückreiten zu einem gestürzten Reiter) notwendig sein. Kehrtwendungen werden, wie alle Wendungen, über die diagonale Hilfengebung eingeleitet und geritten. Dabei stellt der Reiter sein Pferd mit dem inneren Zügel in die Bewegungsrichtung, der innere Schenkel treibt am Gurt in Richtung des führenden äußeren Zügels, der durch leichtes Nachgeben die Stellung zulässt. Der äußere Schenkel liegt verwahrend hinter dem Gurt und unterstützt das Wenden. Während des Bogens belastet der Reiter vermehrt seinen inneren Gesäßknochen, beim Herausreiten sitzt er wieder mittig.

Da sich das Pferd – seinem Herdentrieb gehorchend – meist nur ungern von den anderen entfernt oder die Gegenrichtung zu ihnen einschlägt, ist es am besten und sichersten, zu zweit von der Gruppe wegzureiten. Wendet mein Pferd willig und entfernt sich von den anderen Pferden, dann lobe ich es ausgiebig, um ihm zu zeigen, dass es seine Sache gut gemacht hat.

VOLTEN ODER GROSSE KREISE

Die Volte ist im Gegensatz zur Kehrtwendung ein geschlossener Kreis. Die Einwirkungen des Reiters sind dieselben wie bei der Kehrtwendung. Volten können in allen drei Grundgangarten geritten werden, wobei der Kreisbogen im Galopp entsprechend groß sein darf. Es ist immer vorteilhafter, den Kreisbogen größer, aber gleichmäßig zu reiten, als das Pferd ohne die nötige Biegung unharmonisch zu wenden. Auf zu kleinen Kreisbögen können die Pferde auf nassem Untergrund wegrutschen. Ein heftig werdendes Pferd, das ich nicht mehr auf Sicherheitsabstand zum Vorderpferd halten kann, bringe ich auf einen großen, dann immer kleiner werdenden Kreisbogen, um es zu beruhigen.

VORHANDWENDUNG

Eine Wendung aus dem Halten ist vor allem dann zweckmäßig, wenn der Weg in einer engen Sackgasse endet (z. B. durch ein plötzlich auftretendes Hindernis, das nicht überwunden werden kann).
Die Hilfen entsprechen den bei der Kehrtwendung beschriebenen; das Pferd wird auf der Stelle oder auf sehr kleinem Kreis gewendet, wobei der innere Schenkel das Seitwärtstreten veranlasst. Nach ausgeführter Wendung ist der vorherige Schlussreiter der neue Anfangsreiter.

WECHSEL DES ANFANGSREITERS

Der Anfangsreiter kann auch auf andere Weise als durch eine Vorhandwendung gewechselt werden. So wird zum Beispiel ein beliebiger Reiter aus der Gruppe aufgefordert, den Anfang zu übernehmen. Die Gruppe reitet Schritt, während der Aufgeforderte im Trab an dem oder den anderen vorbeireitet.
Auch hierbei muss er in der Regel mit vermehrt treibenden Hilfen einwirken. Er pariert erst dann zum Schritt durch, wenn der Abstand zwischen ihm und dem bisherigen Anfangsreiter zwei bis vier Pferdelängen beträgt.

REITEN AUF DER STRASSE

Auf Verkehrsstraßen wird grundsätzlich im Schritt geritten; die Zügel sind dabei aufgenommen. Bei bis zu einschließlich fünf Reitern reiten alle Reiter einzeln dicht hintereinander auf der rechten Seite der Straße – also ausnahmsweise ohne Sicherheitsabstände (Kopf an Schweif).
Im Straßenverkehr gilt eine Reitergruppe ab sechs Reitern als „geschlossener Verband“: Die Reiter reiten auf der rechten Straßenseite zu zweit nebeneinander und schließen dicht zum Vorderpaar auf, reiten ohne Abstände, Kopf an Schweif. Die Gruppe darf sich auf keinen Fall

»Zur Vorbereitung eines entspannten Ausrittes reite ich verschiedene Übungen und Lektionen auf dem Reitplatz zuhause.«

auseinanderziehen. Der Verband soll nicht länger als 25 Meter sein, das sind in der Regel 12 Reiter, also sechs Paare. Ist die Gruppe größer, muss sie sich in zwei Gruppen aufteilen. Der Abstand zwischen den hintereinander reitenden Gruppen beträgt wieder 25 Meter, damit für die vorbeifahrenden Autos ein Überholen möglich ist. Besteht eine Gruppe aus weniger als sechs Reitern, wird ohne Abstände einzeln hintereinander geritten.

ÜBERQUEREN VON STRASSEN

Wir vermeiden es, am Straßenrand zu reiten, weil die überholenden Autos gefährlich werden können. Zum Geländereiten gehört auch das Überqueren von Straßen. Damit du dabei immer sicher bist, muss auch das geübt werden.

Beim Überqueren der Straße gibt es zwei Möglichkeiten: Wenn es ein ruhiges Pferd in der Gruppe gibt, sichert der Reiter dieses Pferdes mit Handzeichen ab und signalisiert dem Autofahrer, dass noch weitere Reiter folgen. Jeder Reiter schaut nochmal nach rechts und links, ob weitere Autos kommen, und reitet im Schritt mit Verbindung zum Pferdemaul zügig über die Straße. Bei Unsicherheiten möglichst nach vorne ausgleichen.

Die schnellste Art und Weise, eine Straße zu überqueren, ist folgende: Ist die Straße übersichtlich und auf längere Sicht frei, so machen alle Reiter auf ein vereinbartes Zeichen des Anfangsreiters hin gleichzeitig linksum, reiten auf gleicher Höhe im rechten Winkel auf die andere Straßenseite und reiten danach wieder hintereinander. Voraussetzung dafür sind allerdings Reiter, denen das Nebeneinander-Abwenden sicher und risikolos gelingt.

Im Detail geht das so: Nachdem sich der Anfangsreiter davon überzeugt hat, dass die Straße übersichtlich und auf längere Sicht frei ist, gibt er durch ein vereinbartes Zeichen das Signal zum Abwenden nach links. Alle Reiter reiten auf gleicher Höhe im rechten Winkel auf die andere Straßenseite und dort wieder in Fahrtrichtung dicht hintereinander. Ihr müsst darauf achten, dass keine Lücke entstehen kann, durch die eventuell auftauchende Autos hindurchfahren können. Die dadurch von der Gruppe getrennten Pferde könnten unruhig werden und das kann zu gefährlichen Situationen führen. Und ein nettes Dankeschön für die rücksichtsvoll wartenden Autofahrer zum Abschluss ist immer wichtig.

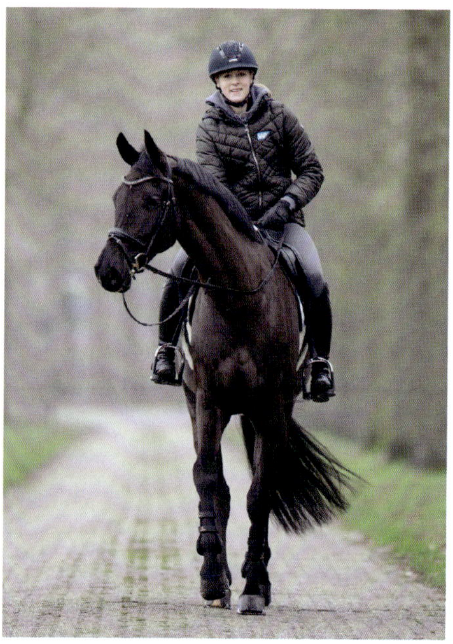

Vorsicht: Auf Asphalt oder gepflasterten Wegen kann das Pferd schneller ausrutschen.

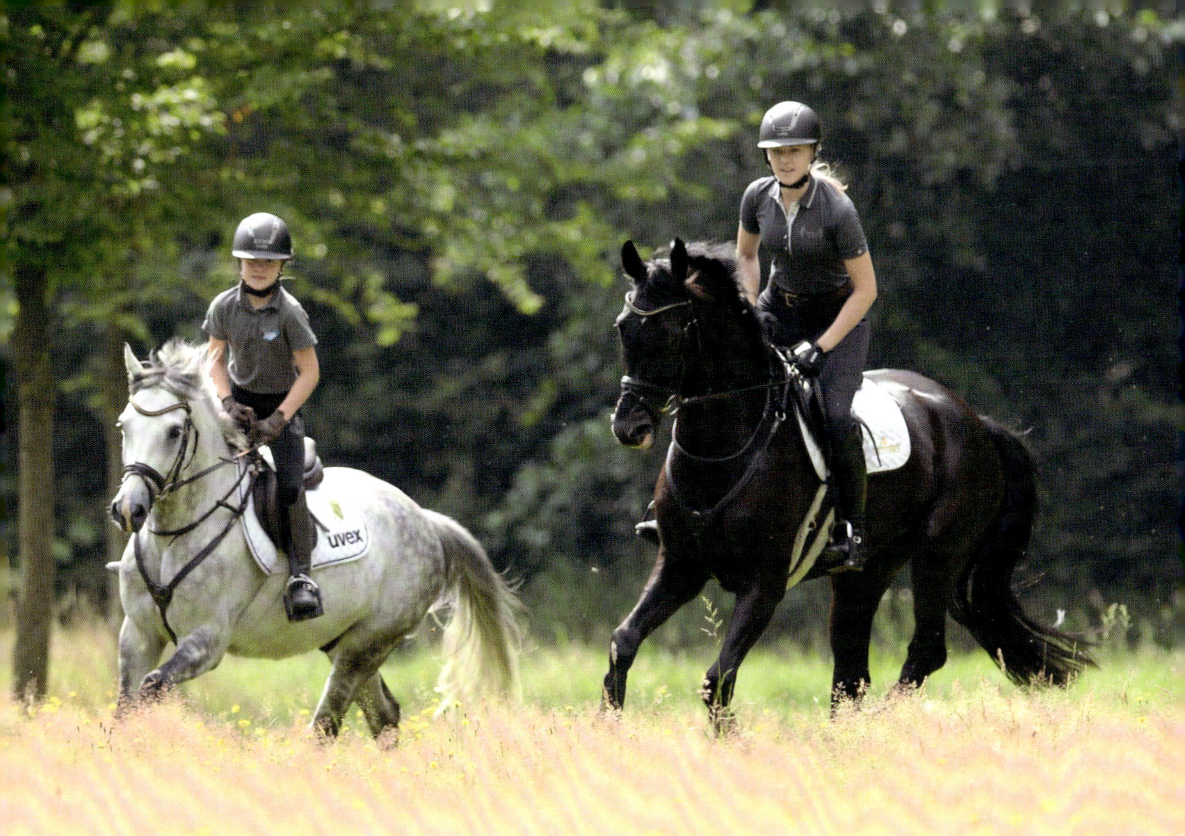

Im Gelände galoppierst du im leichten Sitz und hältst eine weiche Verbindung zum Pferdemaul.

SICHERHEIT HAT VORRANG

Begebt euch nicht in unsichere Situationen und geht kein Risiko beim Ausreiten ein. So sind zum Beispiel unbekannte Gewässer zu meiden und auch sumpfiges Gelände ist tabu. Taucht auf dem Weg eine schmale Brücke auf, so kannst du überlegen, ob du lieber absitzt und dein Pferd führst. Wenn du deinem Pferd vom Boden aus mehr Sicherheit geben kannst, ist das Führen sinnvoll. Falls du dich im Sattel sicherer fühlst als am Boden, dann reitest du besser über die Brücke.

Dasselbe gilt, wenn der Weg unter einer niedrigen Brücke, oder einen Straßentunnel hindurch oder über eine Autobrücke hinwegführt.

Scheut ein Pferd, so versucht man, es im Schenkelweichen oder schulterhereinartig an dem gefürchteten Gegenstand vorbeizureiten. Beim Reiten in der Gruppe empfiehlt es sich, ein Pferd vorausgehen zu lassen. Wenn ein Pferd im Straßenverkehr scheut, so wird es von einem sicheren Reiter mit einem ruhigen Pferd „abgedeckt“: Er reitet dicht neben dem scheuenden Tier auf dessen linker, dem Verkehr zugewandter Seite, und verstellt ihm damit die Sicht auf die Strecke. Dies geht natürlich nur bei Pferden, die sich gut vertragen und nicht ausschlagen.

Ein Pferd, das heftig wird und sich nicht mit halben Paraden aufnehmen lässt, kann man

ZUR SICHERHEIT MIT HANDY

Das Handy dient beim Ausreiten der Kommunikation im Notfall oder der Orientierung. Telefonieren, Texte schreiben oder lesen ist beim Ausreiten nicht nur gefährlich, sondern auch deinem Pferd und deinen Mitreitern gegenüber unhöflich. Das Gleiche gilt natürlich für das Tragen von Kopfhörern.

auf einem großen, dann immer enger werdenden Bogen zu beruhigen versuchen. Allerdings muss hierfür eine weite, offene Fläche zur Verfügung stehen, auf der zudem das Reiten erlaubt ist. Pferde, die dazu neigen, im Gelände heftig zu werden, reite ich lieber vorher auf dem Platz, um den ersten Übermut rauszulassen, oder longiere sie ab. Erst danach reite ich sie, in Begleitung eines ruhigen Artgenossen, im Schritt ins Gelände.

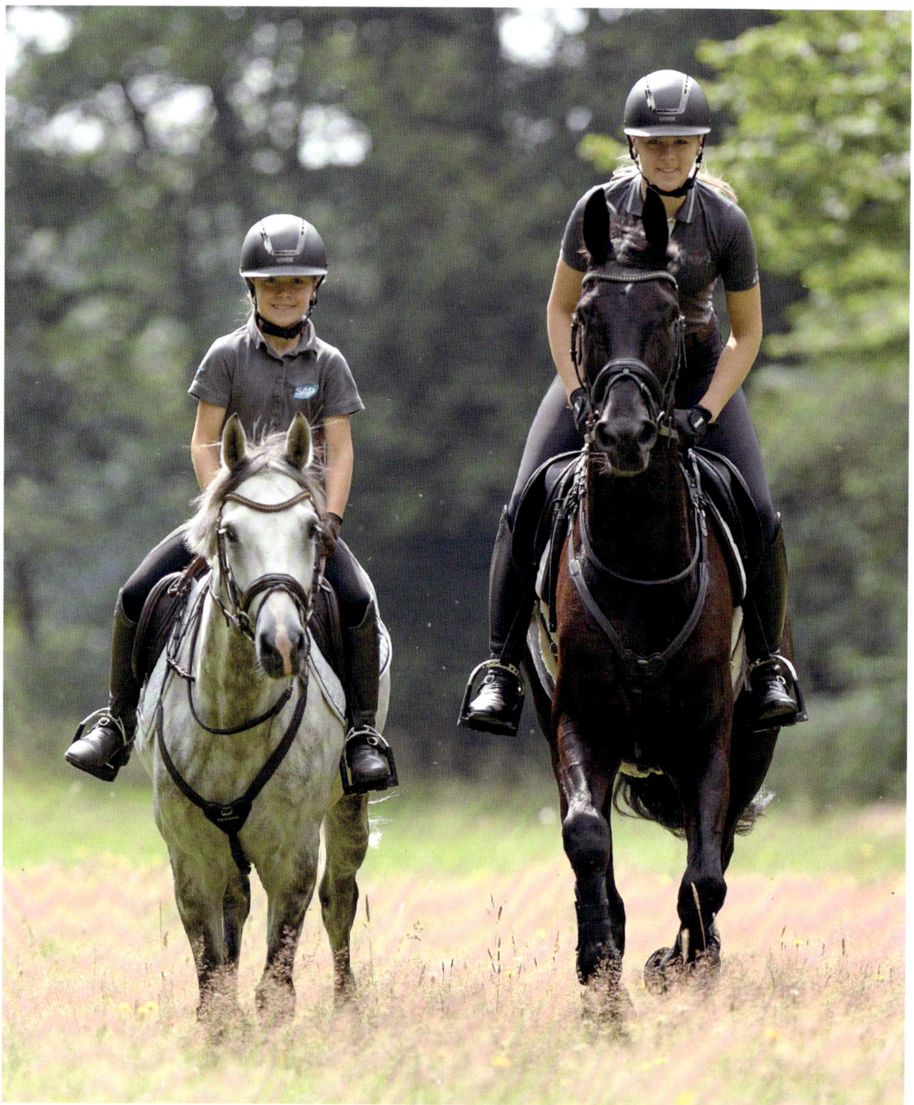

Vier strahlende glückliche Gesichter

Hinter einem gelassenen Führpferd wird sich die Nervosität oder Gehlust, später auch im ruhigen Trab und Galopp, allmählich legen. Verliere nicht die Geduld, und vermeide vor allem zu langes oder schnelles Galoppieren. Häufige lange Schrittpausen im zwanglosen Bummeltempo sind die beste Nervenberuhigung. Für eine größere Gruppe sind solch heftige Pferde erst einmal nicht geeignet. Es ist auch ein Irrtum, dass allzu gehlustige Pferde sich im Gelände so richtig „austoben" sollen. Ihr Bewegungsbedürfnis wird am besten ohne Reitergewicht auf der Weide gestillt. Unter dem Reiter ist eine geregelte, kontrollierte Bewegung gewünscht. Achte darauf, dass dein Pferd ausreichend freie Bewegung auf der Weide oder dem Paddock hat. Nur ein im Temperament ausgeglichenes und rittiges Pferd kann Freude und Sicherheit beim Geländereiten gewährleisten.

---

10 REGELN FÜR EINEN SCHÖNEN AUSRITT

1. **Sicherheit:**
   Sichere Ausrüstung für Reiter und Pferd, ausreichendes reiterliches Wissen und Können
2. **Das Wohl des Pferdes:**
   Pferd artgerecht halten, füttern und bewegen; systematisch ausbilden und an das Reiten im Gelände heranführen; Anforderungen an den Leistungsstand von P anpassen
3. **Mit Plan: Immer in Gesellschaft ausreiten:**
   Weg und Verlauf des Rittes planen und mit den Mitreitern abstimmen; unterwegs Risiken vermeiden; ggf. Umwege in Kauf nehmen
4. **Aufwärmen:**
   Am Anfang mindestens 10 bis 15 Minuten Schritt reiten
5. **Regeln kennen:**
   Auf Wegen bleiben, nicht querfeldein reiten; vor Ort geltende gesetzliche Regelungen und Bestimmungen respektieren.
6. **Sicher im Straßenverkehr:**
   Pferde an Straßenverkehr gewöhnen, auf der Straße einzeln am rechten Fahrbahnrand reiten (zu zweit nebeneinander ab sechs Reitern); Bürgersteige und Fahrradwege nur im Notfall nutzen; bei schlechter Sicht oder Dunkelheit Beleuchtung mitführen
7. **Rücksichtsvoll:**
   Fußgängern, Fahrradfahrern und anderen Reitern im Schritt begegnen; Sicherheitsabstand gewähren; grüßen; sich Tierweiden im Schritt annähern
8. **Tempo:**
   Der schwächste Reiter und die Bodenbeschaffenheit bestimmen das Tempo.
9. **Land-, Jagd- und Fortwirtschaft respektieren:**
   land- oder forstwirtschaftlichen Maschinen im Schritt begegnen, gefährliche Begegnungen vermeiden, auf die Interessen anderer Rücksicht nehmen
10. **Umwelt- und Naturschutz praktizieren:**
    Reiten auf aufgeweichten Wegen, Feldrändern usw. vermeiden; angelegte Biotope umgehen; Brutstätten von Vögeln und Wildtieren nicht stören

---

IMMER IM TEAM – ENTSPANNT UND SICHER AUSREITEN

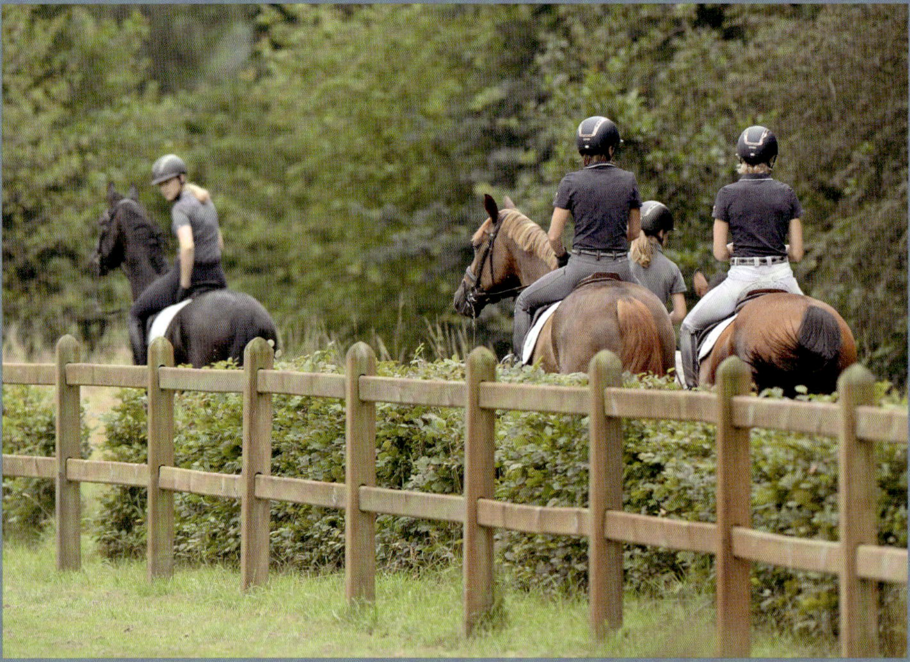

Entspanntes Tummeln im Gelände in lockerer Gruppenformation

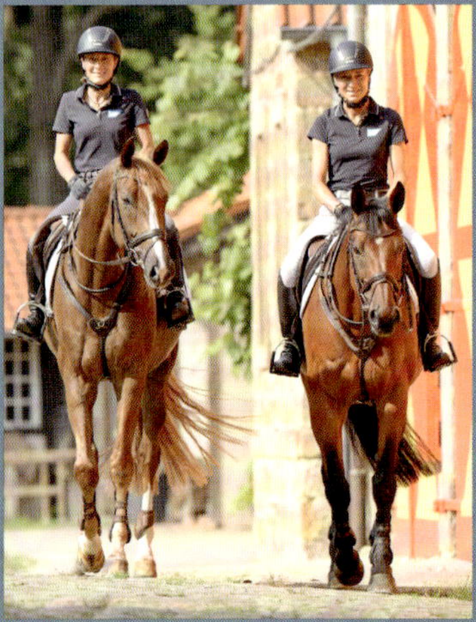

Lockeres Schrittreiten mit hingegebenem Zügel

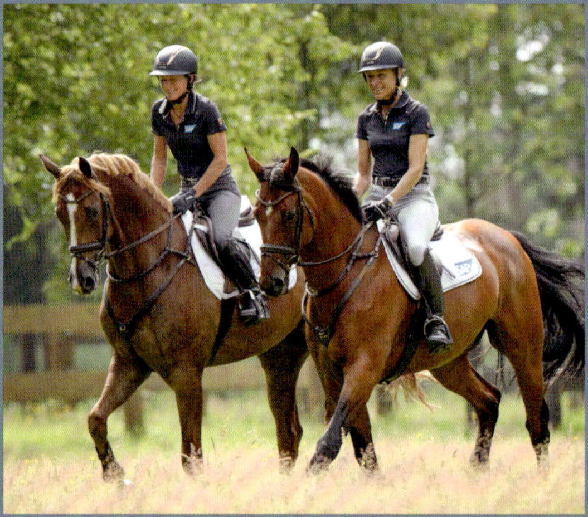

Sicher durchs Genick mit feiner Anlehnung – auch das geht prima im Gelände.

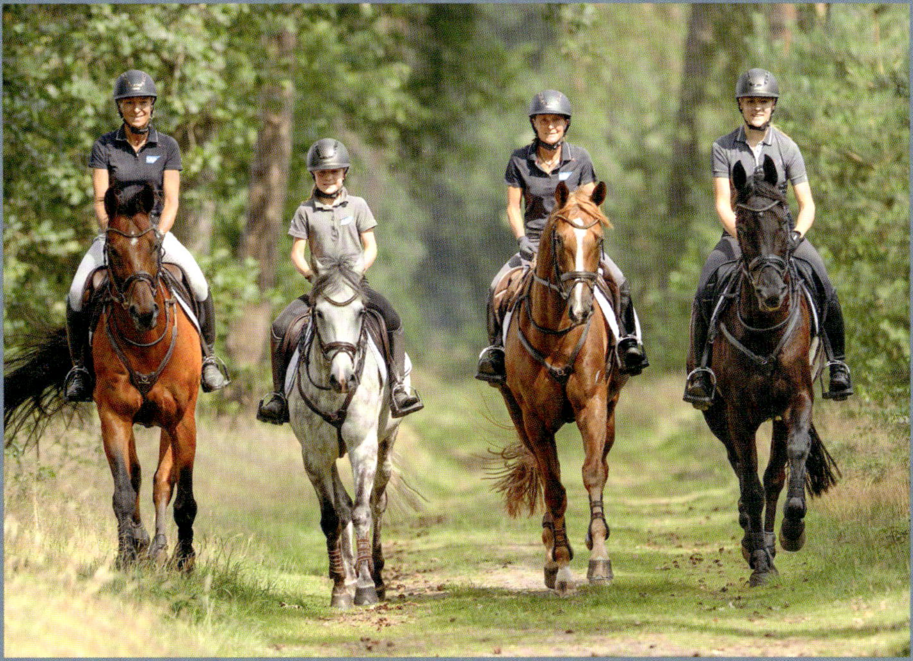

Wenn sich die Pferde gut verstehen, kann man auch zu viert nebeneinander die Abstände gut halten.

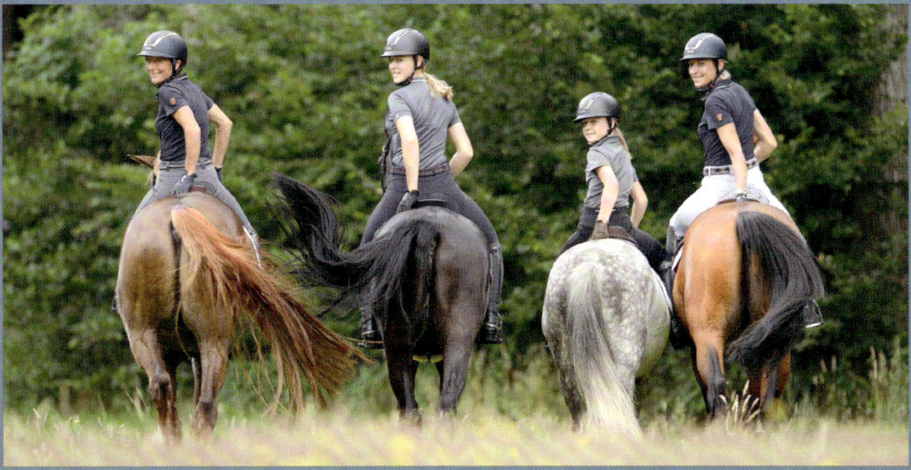

Am Ende des Ausritts gehen alle Pferde zufrieden Schritt und die Reiter lächeln entspannt.

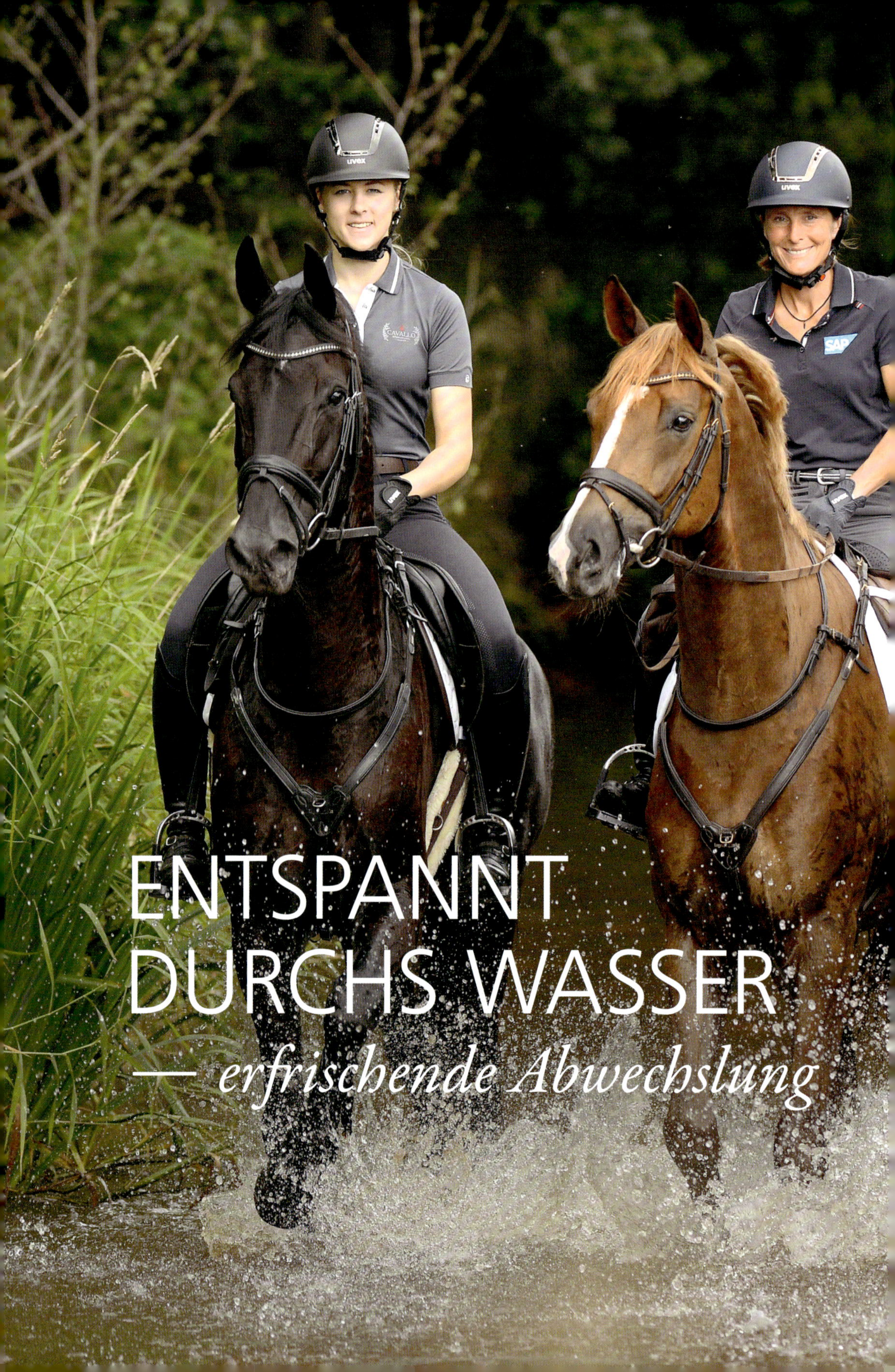

ENTSPANNT DURCHS WASSER

— erfrischende Abwechslung

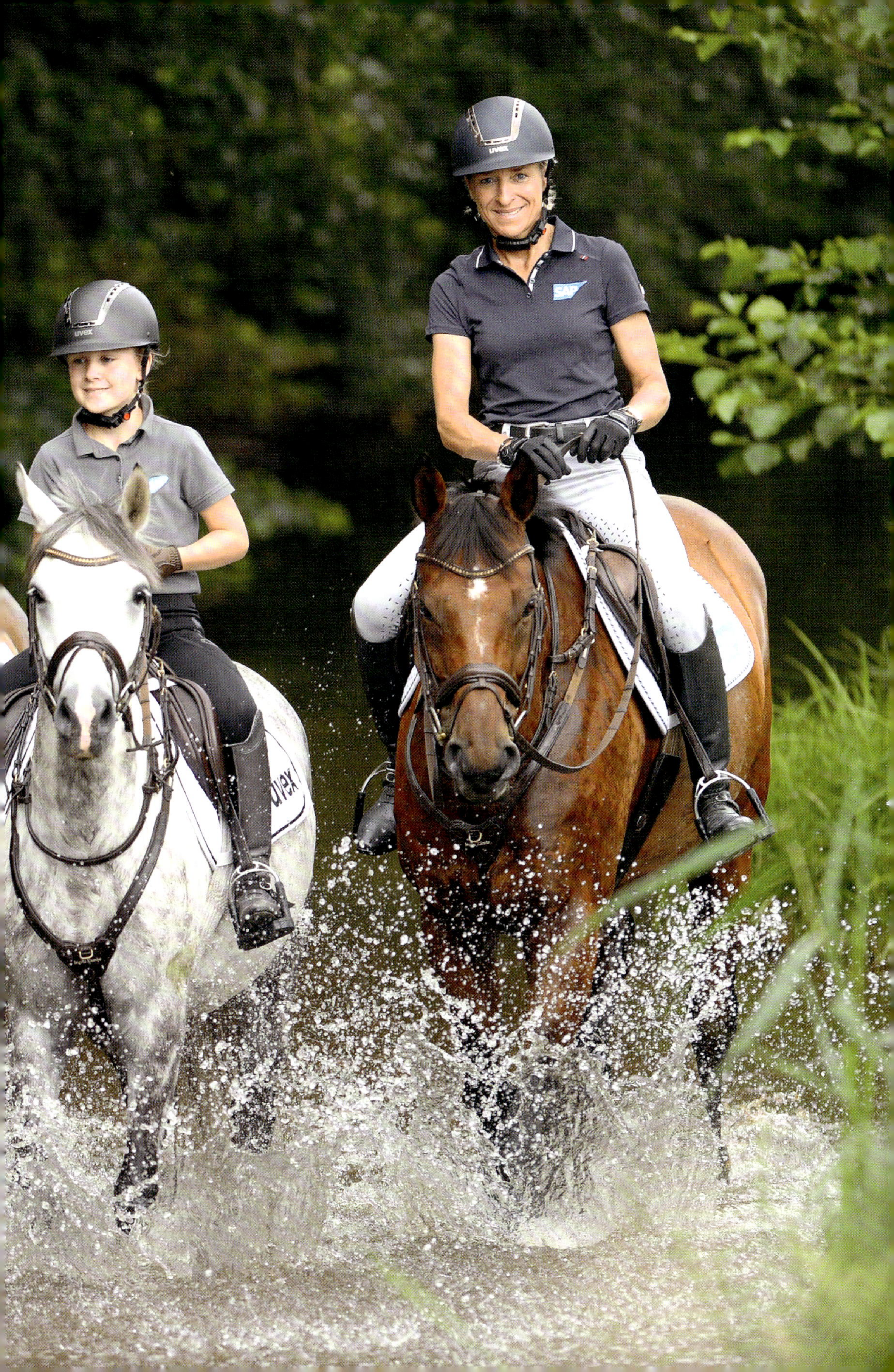
uvex

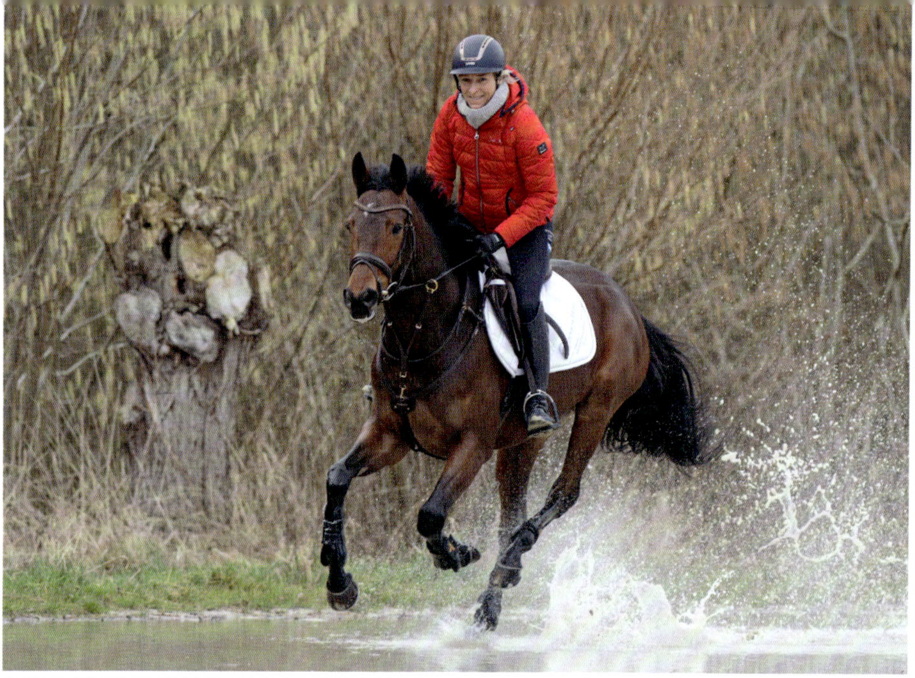

Nach einem Regenschauer eignen sich auch große Pfützen auf dem Reitplatz zum Durchgaloppieren.

GEWÖHNUNG AN WASSER

PFLICHTAUFGABE

Ich nehme mir die Zeit, meine Pferde behutsam ans Wasser heranzuführen. Diese Gewöhnung ist für alle Pferde wichtig und bei meinen Pferden Pflicht. Dressurpferde dürfen sich von Pfützen im Dressurviereck nicht beeindrucken oder verunsichern lassen, sondern sollen gehorsam ihre Aufgabe gehen. Beim Springreiten kann es passieren, dass nach einem ordentlichen Regenschauer der Parcours unter Wasser steht. Und dann dürfen sich die Springpferde nicht durch das Wasser irritieren lassen. Vielseitigkeitspferde müssen sogar mutig ins Wasser hineinspringen und selbstverständlich durchgaloppieren (mehr dazu auf S. 72 f.). Daher versuche ich, bei möglichst vielen Ausritten unterschiedliche Wasserdurchritte miteinzubauen. In den Sommermonaten tut eine erfrischende Abwechslung den Reitern und Pferden gut und ist immer willkommen.

ZU BEGINN MIT FÜHRPFERD

Anfangs ist darauf zu achten, dass das Wasser nicht zu tief ist und die Bodenverhältnisse gut sind. In der Gruppe, hinter einem erfahrenen Führpferd, fällt es jungen Pferden leichter, sich die ersten Schritte vorzuwagen. Auch im Wasser sollte ein gewisser Sicherheitsabstand zu den anderen Pferden eingehalten werden. Du wirst sehen, dass die meisten Pferde nach anfänglichem Überwinden gerne ins Wasser gehen. Einige Pferde trinken gerne, andere plantschen oder wollen sich auch im Wasser wälzen.
Bei der ersten Wassergewöhnung kommt es vor allem auf das brave Führpferd an, welches bedingungslos ins Wasser gehen muss und außerdem ein zu dichtes Aufreiten auf keinen Fall mit Schlagen quittieren darf. Es kann vorkommen, dass das

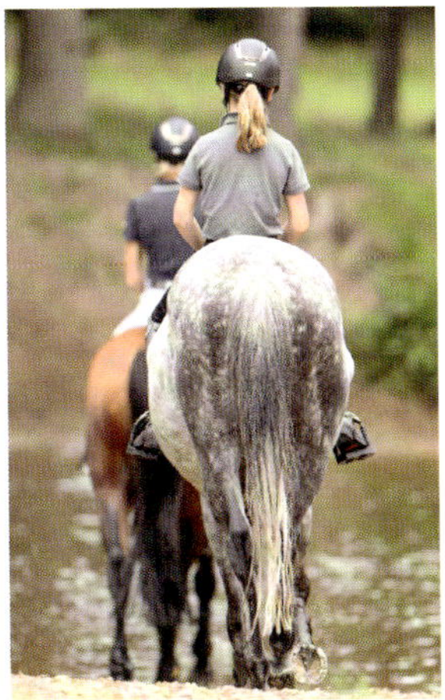

01

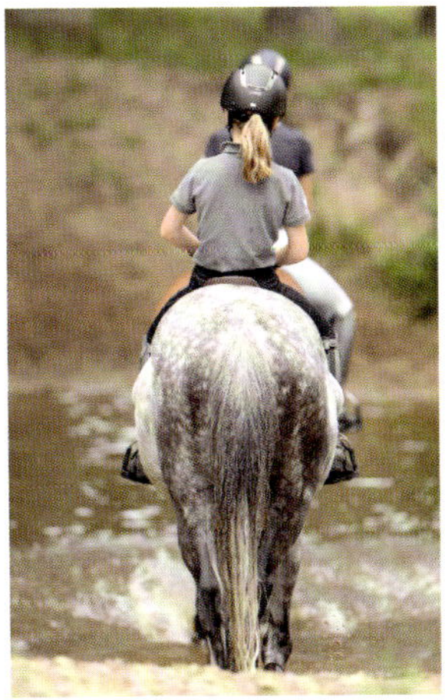

02

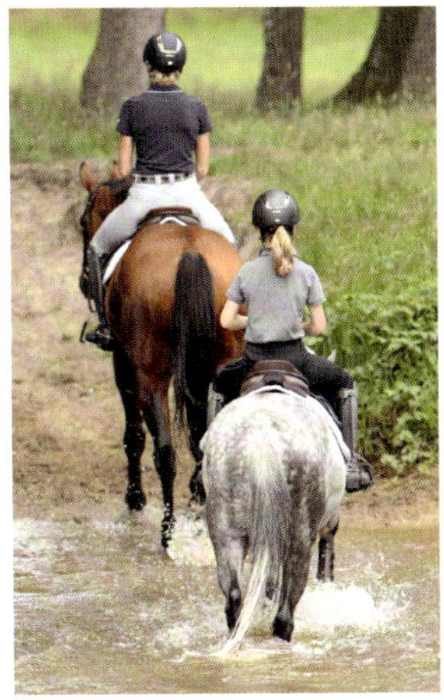

03

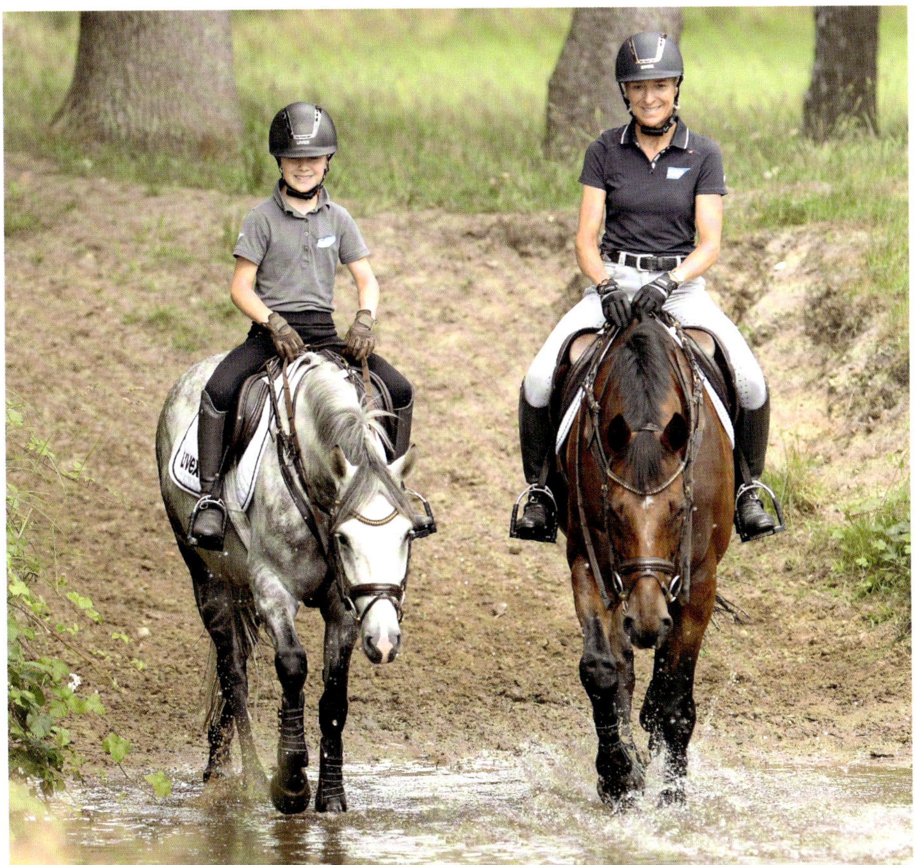

01 – 04 Wenn das erfahrene Führpferd vorweggeht und der junge Reiter direkt dahinterbleibt, ist das Wasserdurchqueren kein Problem. Danach geht es auch vertrauensvoll nebeneinander.

unerfahrene Pferd sich plötzlich entschließt, mit einem Satz hinterherzuspringen. Dann kann es schon einmal passieren, dass es zu nah an das Führpferd kommt.

Das erste Anreiten erfolgt im Schritt, etwa ein bis zwei Pferdelängen dicht hinter dem Führpferd her. Im Idealfall folgt das Pferd dem Führpferd ins Wasser. Bleibt es aber erst einmal stehen, lässt du es am langen Zügel schnuppern und wartest einen Moment lang ab. Dann forderst du es erneut auf, vorwärtszugehen und dem im Wasser stehen gebliebenen Führpferd zu folgen.

Mit der Stimme und dem treibenden Schenkel munterst du dein Pferd auf. Nach dem ersten Schritt in Richtung Wasser sofort mit Stimme und Klopfen loben, dem Pferd weiter Mut machen. Mit großer Wahrscheinlichkeit hat sich das unerfahrene Pferd spätestens beim zweiten Versuch einen Ruck gegeben und folgt mit unsicheren Schritten. Dann bleibst du in der Mitte des Wassers stehen und lobst dein Pferd ausgiebig. Es wird schnuppern und eventuell mit dem Maul unter die Wasseroberfläche gehen oder trinken. Lass den Zügel durchgleiten und warte ab. Versucht dein Pferd zu scharren oder zu planschen, reite an. Gescharrte Löcher im Untergrund sind zu gefährlich, außerdem ist Scharren oft die Vorstufe zum Hinlegen.

Lass nun das Führpferd aus dem Wasser herauskommen und reitet hintereinander erneut im Schritt an. Folgt das Pferd willig und schreitet, ohne stehen zu bleiben, hinterher, bleibt das Führpferd im Wasser stehen. Mit dem unerfahrenen Pferd verlässt du das Wasser und reitest – diesmal alleine – erneut hinein, während das erfahrene Pferd im Wasser steht.

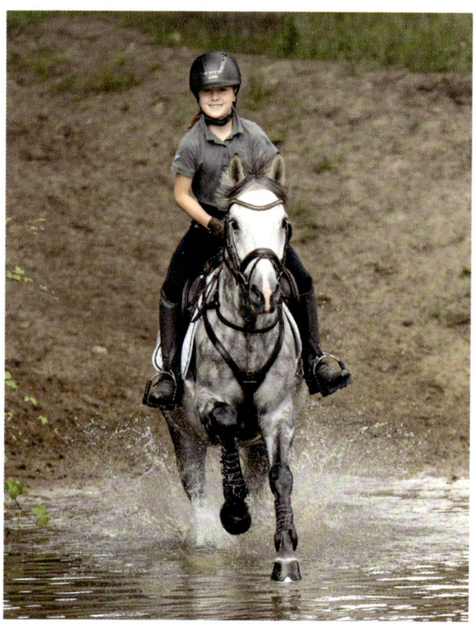

Mutig galoppiert Mustang mit gespitzten Ohren auch alleine durchs Wasser.

ERST IM SCHRITT, TRAB UND DANN IM GALOPP

Der nächste Schritt ist das Traben ins Wasser hinter dem erfahrenen Pferd her. Da manche Pferde sich von dem um das Vorderpferd aufspritzende Wasser irritieren lassen, musst du dich auf ein Stocken oder Abbremsen gefasst machen. Abschließend trabst du ohne Führpferd durchs Wasser. Dabei solltest du leichttraben, um den Rücken des Pferdes zu entlasten.

Manche Pferde haben von Anfang an Spaß am Wasser. Diese Motivation sollten wir immer nutzen, besonders bei warmem Wetter, denn die Durchquerung einer Wasserstelle ist eine wohltuende Abkühlung auch für die Pferdebeine.

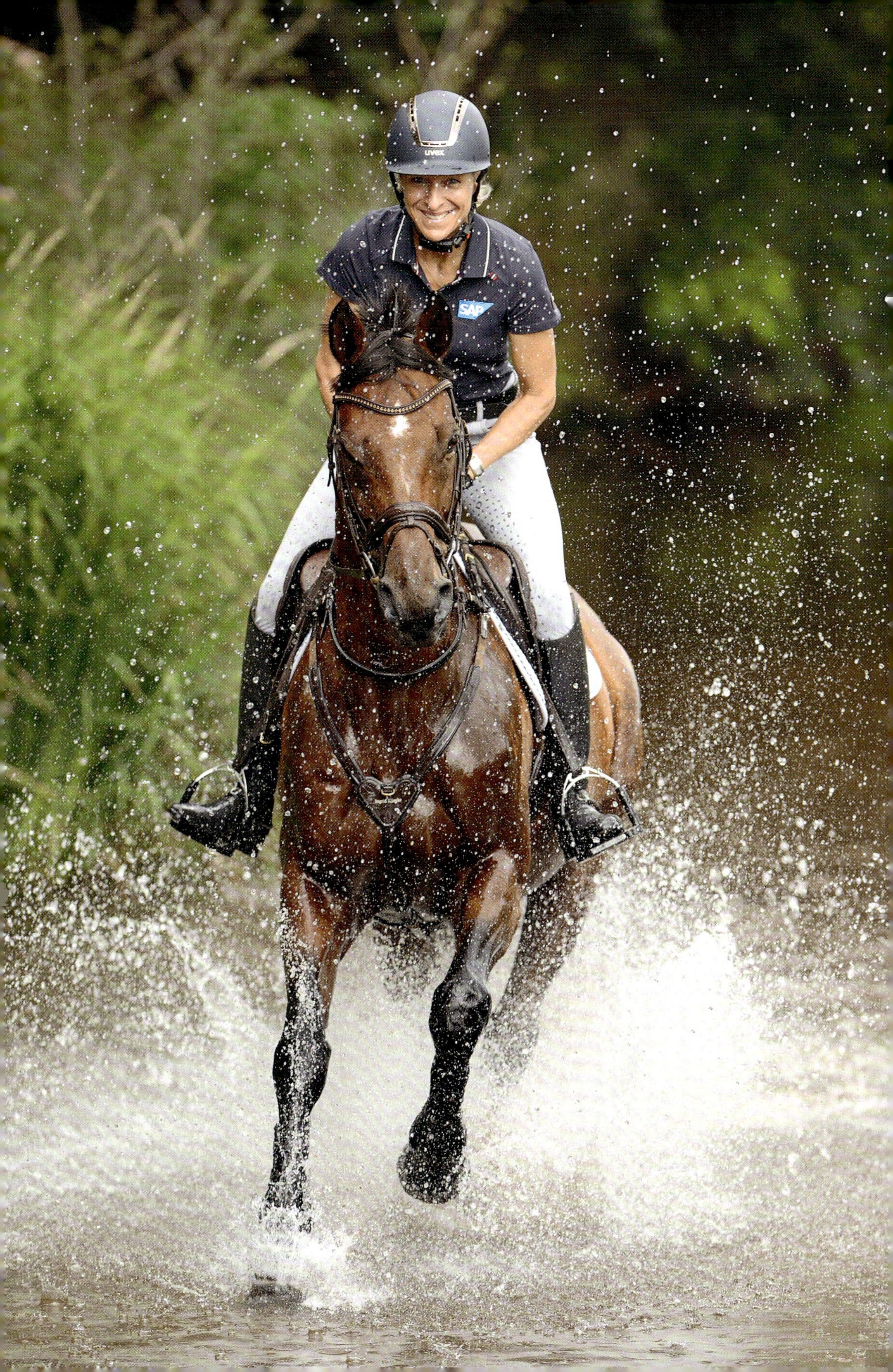
uvex
SAP

GRETA UND SCRABBLE IM WASSER

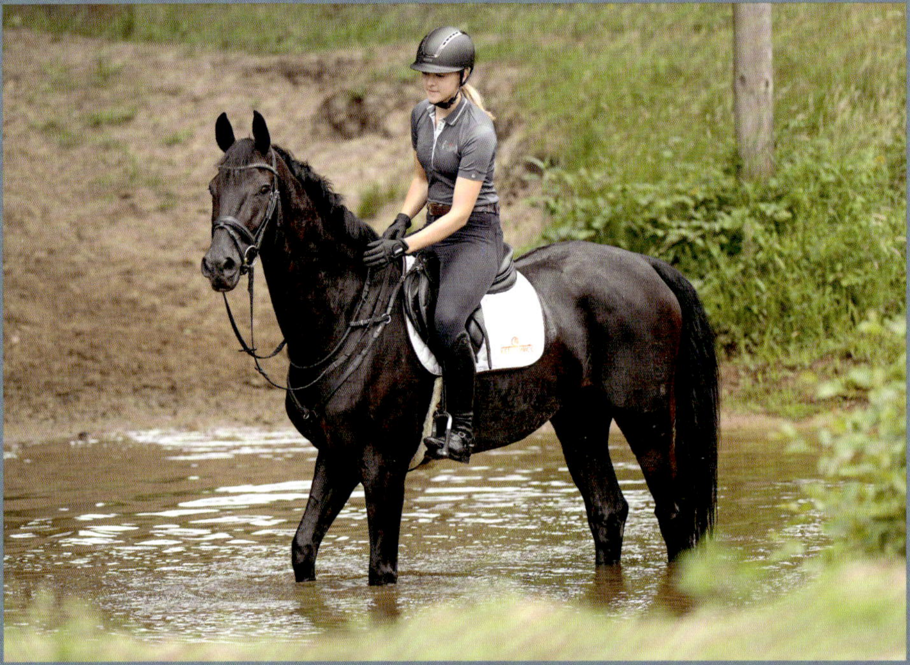

Das Stehen im Wasser kühlt nicht nur die Pferdebeine, sondern schafft auch Vertrauen. Der Untergrund sollte vor dem ersten Galopp getestet werden.

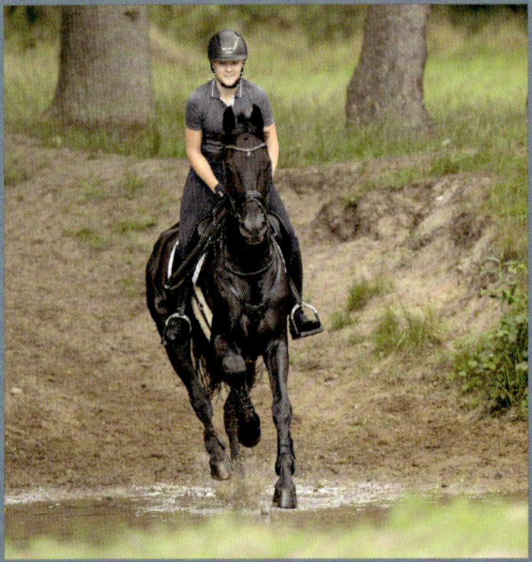

Greta reitet im kontrollierten Galopptempo ins Wasser.

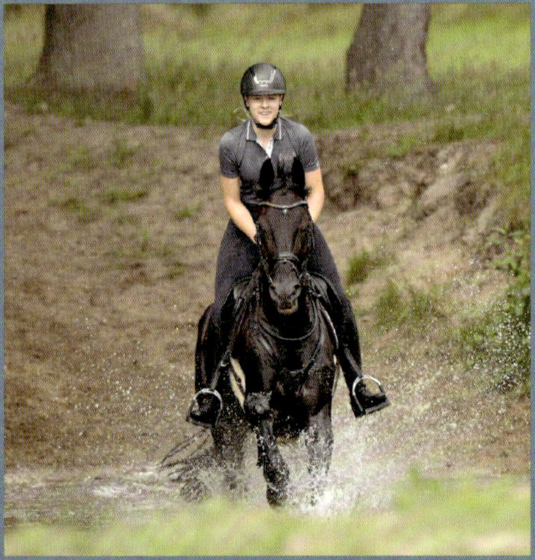

Der erfahrene Scrabble lässt sich durch das spritzende Wasser nicht irritieren.

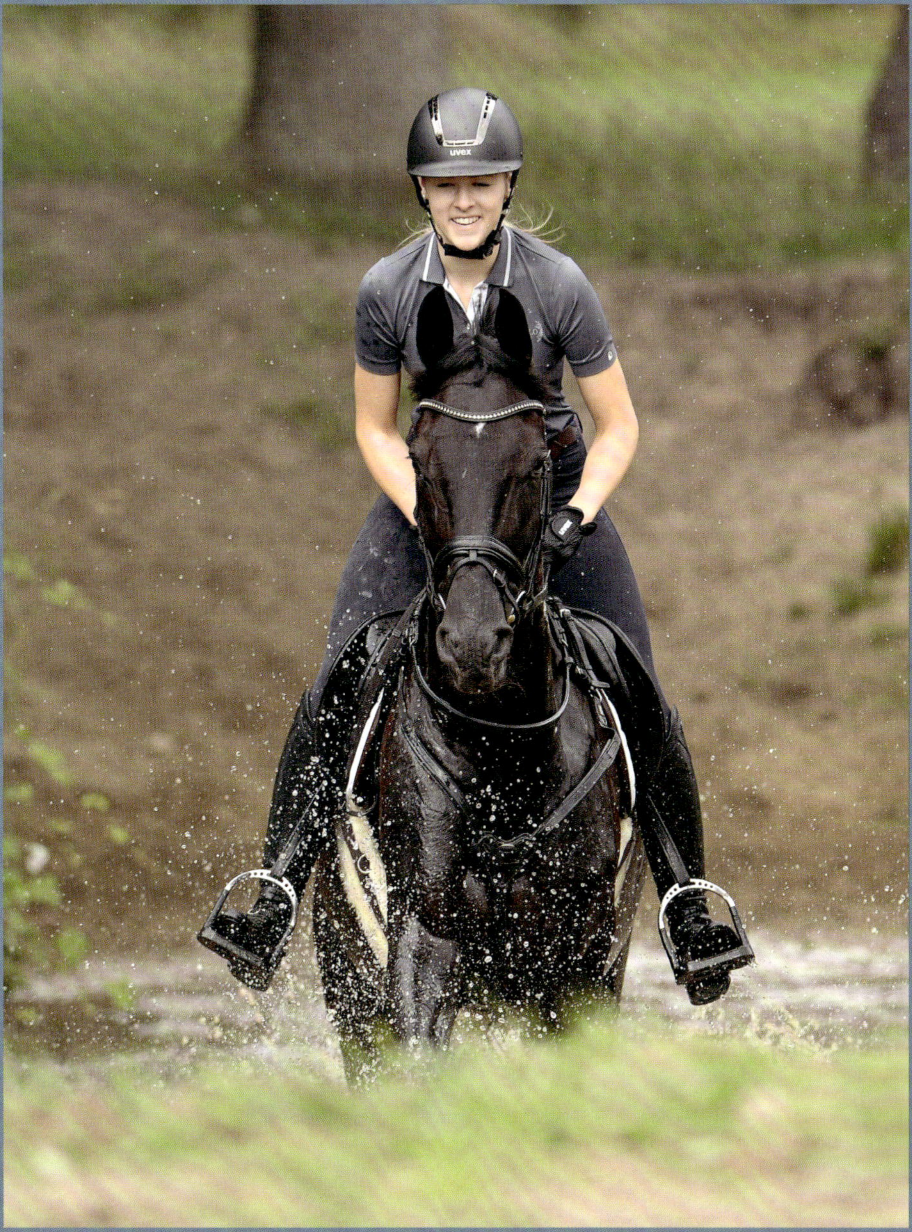

Freude pur: Beide genießen den Galopp durchs Wasser.

WASSERSPASS BEIM AUSREITEN

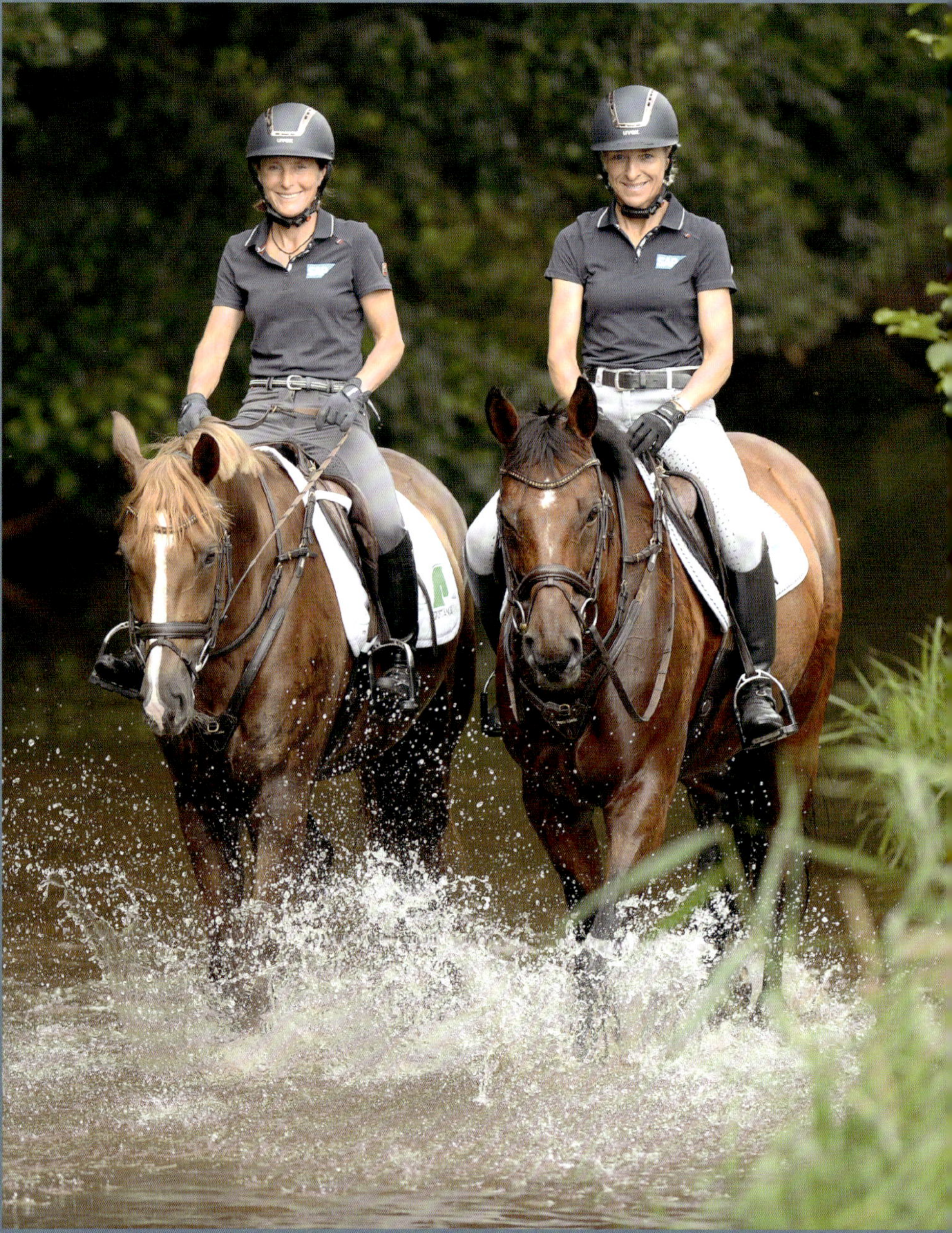

Gelassen und zufrieden schreiten Firlefranz und Bobby durchs Wasser.

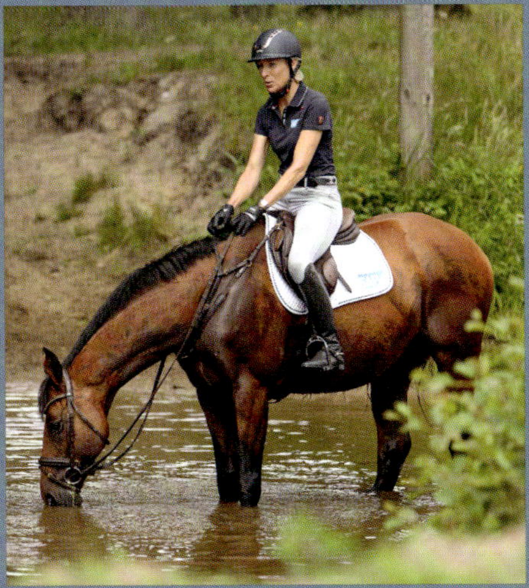

Bobby gönnt sich einen Schluck aus dem Bach.

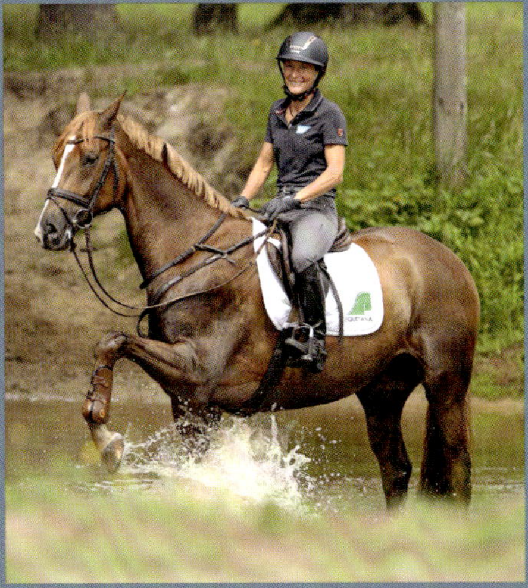

Firle plantscht gerne im tiefen Wasser.

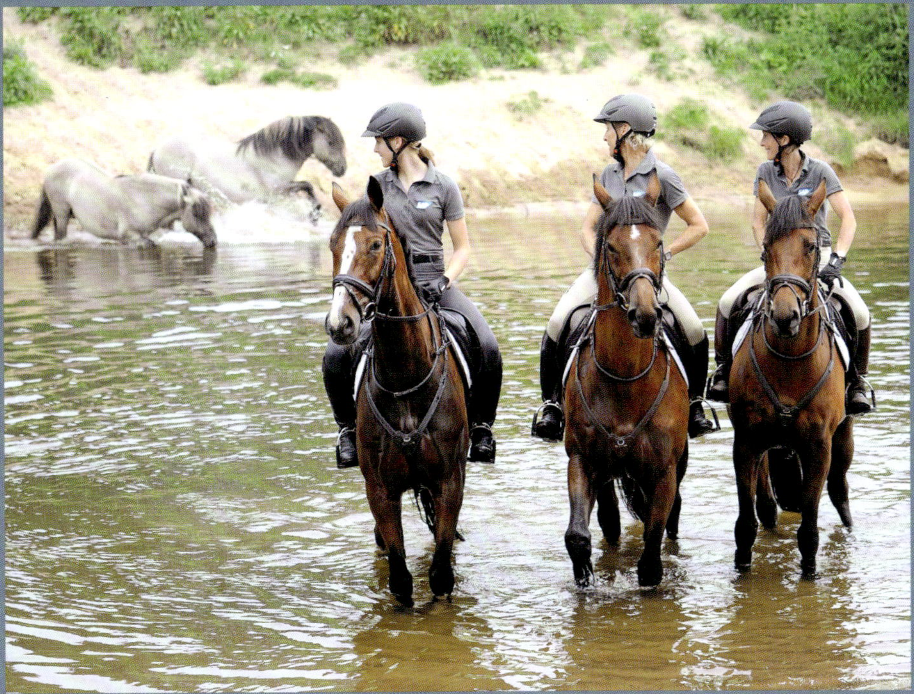

Unerwarteter Besuch: Hier wurden wir von den Wildpferden überrascht.

KLEINE HINDERNISSE
— *im Gelände*

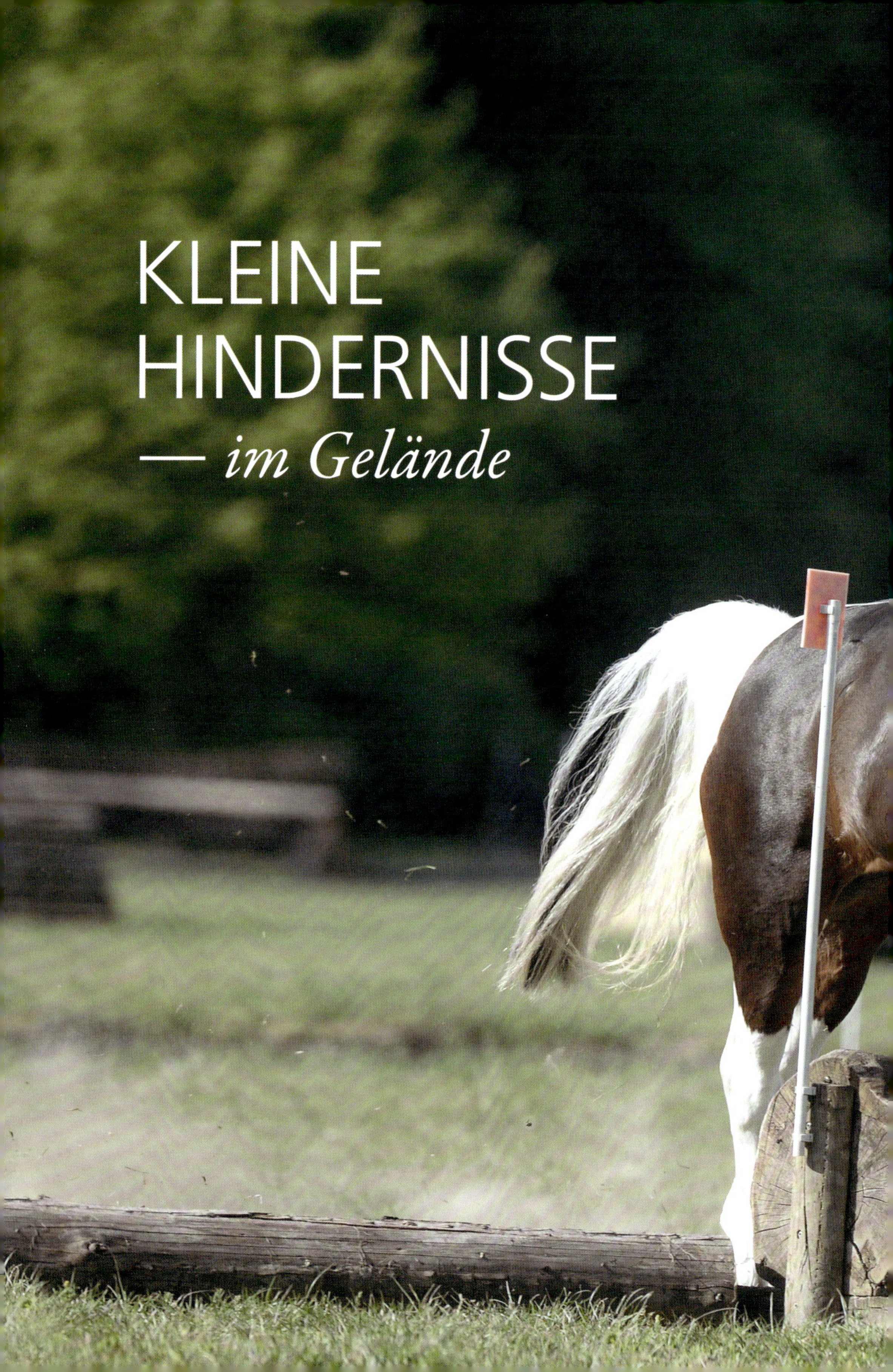

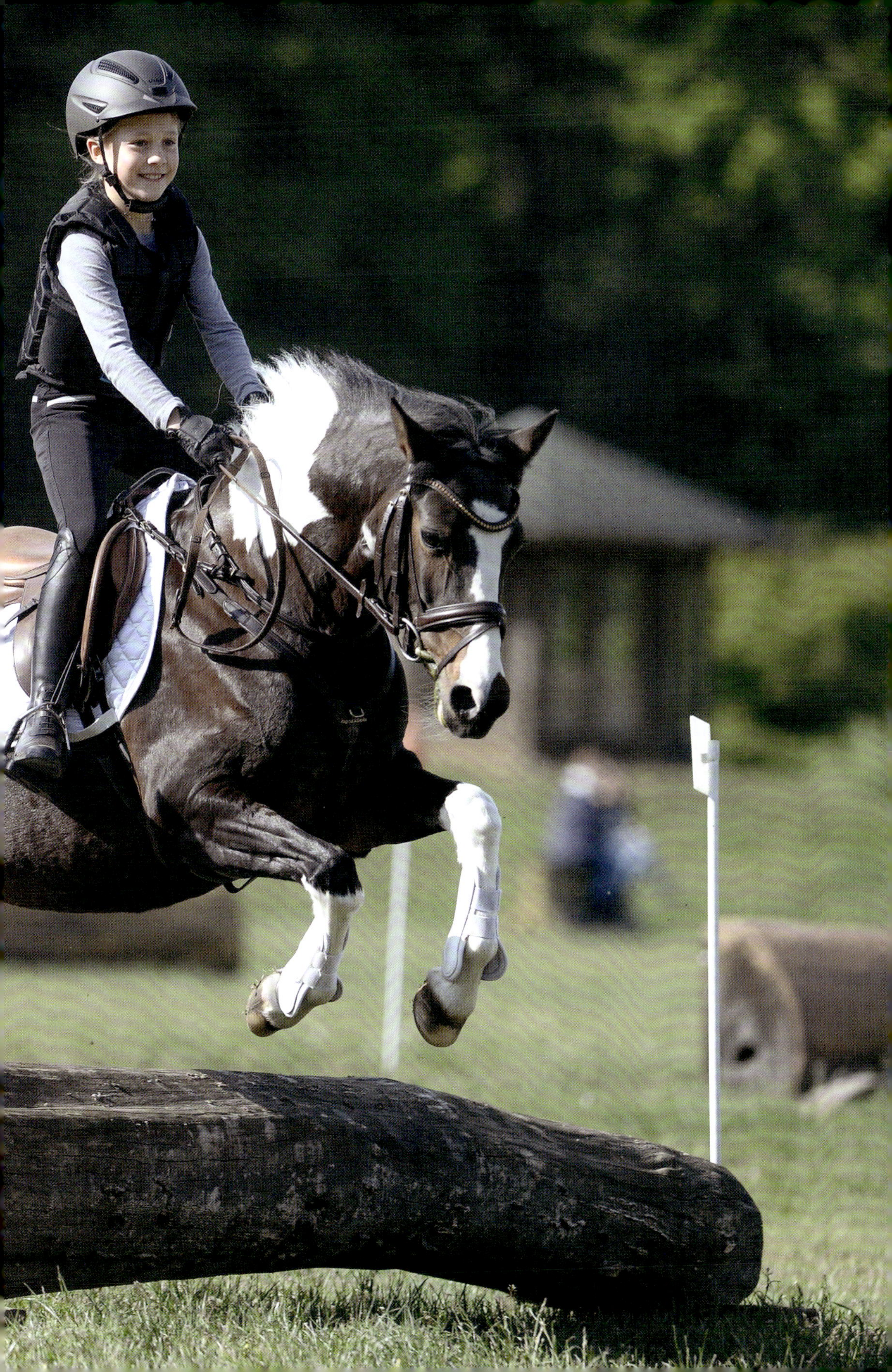

VORBEREITUNG ZUM SPRINGEN

In den vorherigen Kapiteln hast du gelernt, wie du beim Ausreiten immer sicher unterwegs bist. Als Nächstes zeige ich dir, wie du auch das Springen im Gelände meisterst. Bevor wir mit den Geländesprüngen beginnen, lösen wir die Pferde auf dem eingezäunten Geländeplatz.

IMMER IM SCHRITT BEGINNEN

Genau, wie sonst auch in der Lösungsphase, reiten wir 10 – 15 Minuten Schritt mit hingegebenem Zügel. Ihr könnt zu zweit nebeneinander reiten oder euch verteilen, die Pferde

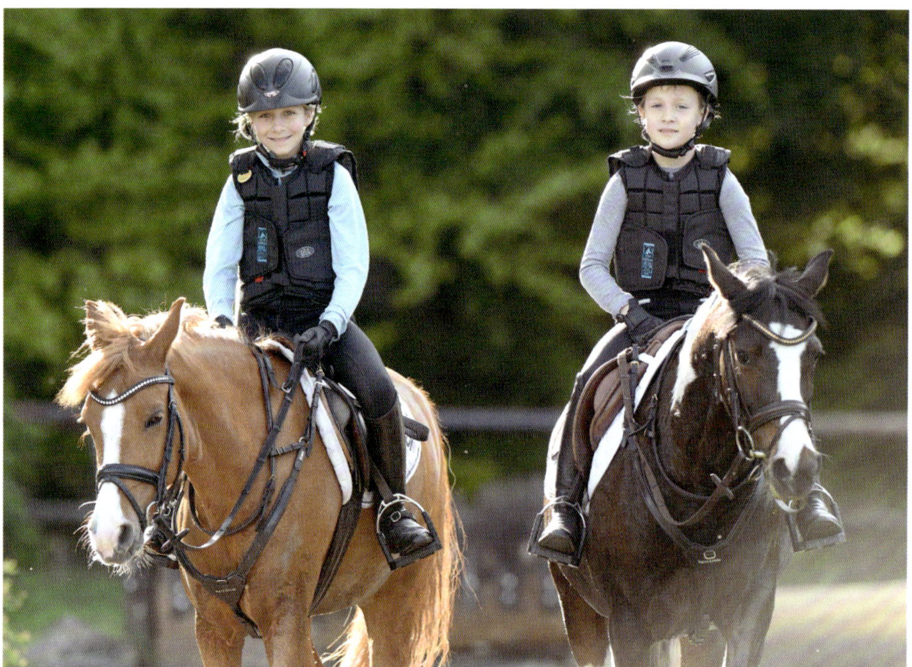

Mit Geländeweste und dem Vorderzeug mit integriertem Halsring gehen wir beim Springen im Gelände auf Nummer sicher.

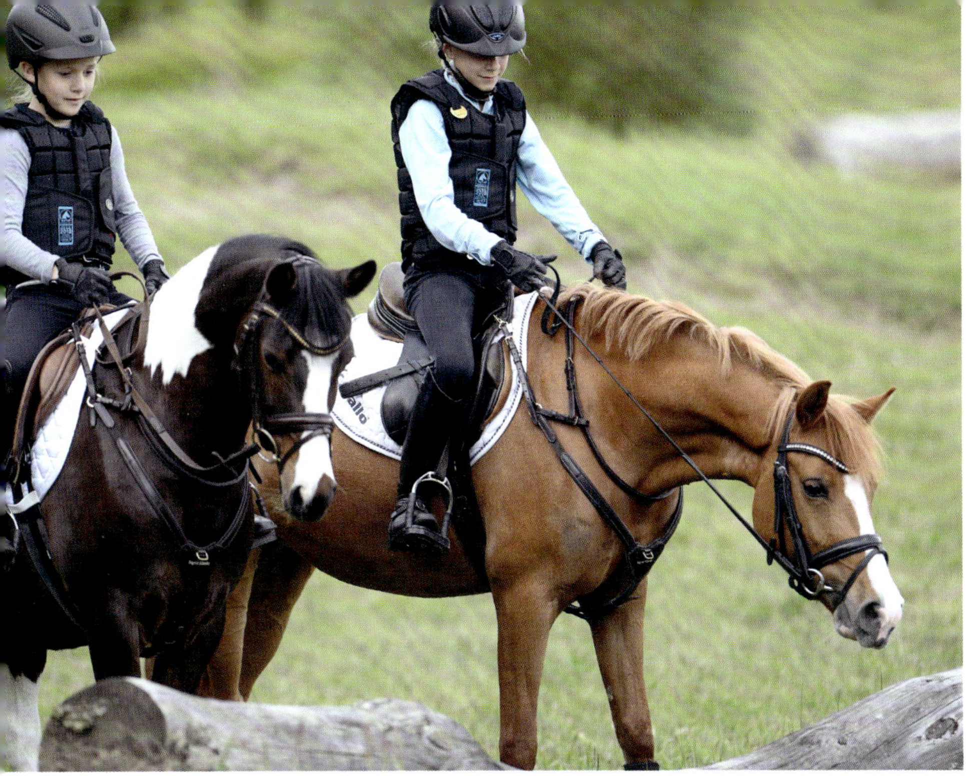

Nutze die Zeit und zeige deinem Pferd die verschiedenen Hindernisse. Lass es die Sprünge anschauen und beschnuppern. Das wird dir später beim sicheren Springen helfen.

schon mal an den Hindernissen gucken oder schnuppern lassen, damit sie sich mit der neuen Umgebung vertraut machen.
Sind die Pferde aufgeregt und kernig, dann reite am längst möglichen Zügel Schritt mit Genickkontrolle. Das gibt dir und deinem Pferd Sicherheit. Wichtig ist auch, dass man mit beiden Händen die Zügel fest in der Hand hält, auch wenn die Pferde mit hingegebenem Zügel ganz frei Schritt gehen. Draußen in der Natur ist man nie sicher vor Überraschungen. Es kann immer ein Tier aus dem Gebüsch kommen.
Zum Springen im Gelände schnallen wir die Bügel zwei Loch kürzer. Und eine Sache ist noch ganz wichtig: Unten zwischen den Vorderbeinen muss das Vorderzeug ganz stramm anliegen, es darf auf gar keinen Fall hier eine Schlaufe bilden, sonst kann das Pferd dort einfußen und würde in der Landung stürzen. Ein Martingal verwende ich nur in Ausnahmefällen im Gelände, wenn zum Beispiel das Pony zu heftig für das Kind ist.

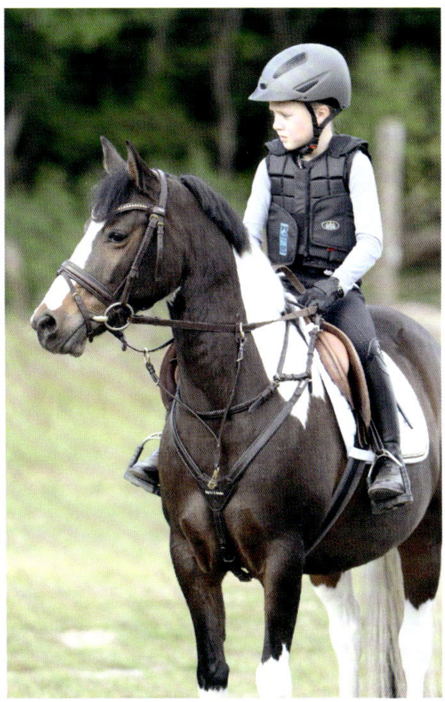

Das Vorderzeug muss zwischen den Vorderbeinen eng am Pferdekörper anliegen.

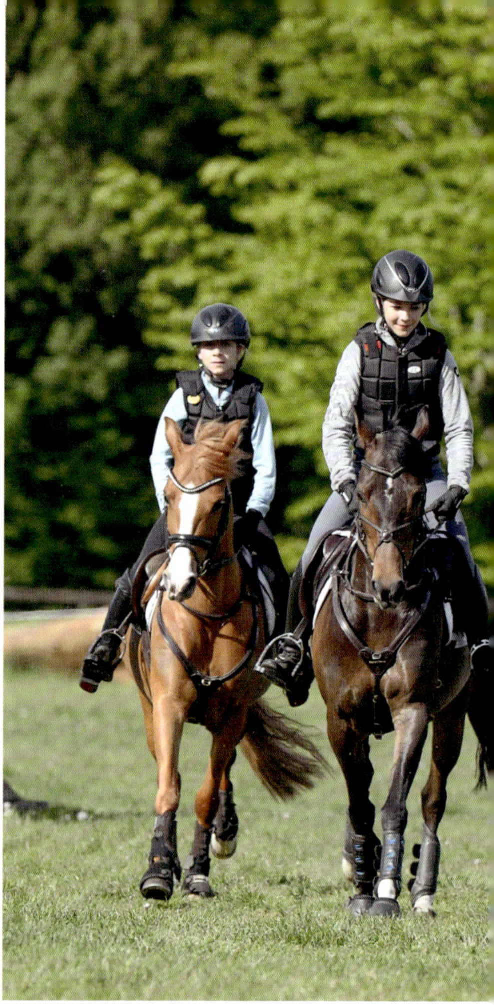

LÖSEN IM LEICHTTRAB

Nach dem Schrittreiten lösen wir die Pferde im Leichttraben. Immer dran denken, ruhig die Zügel aus der Hand kauen zu lassen, das ist das Ziel. Es können große Linien und Handwechsel geritten werden. Auch das Durchreiten zwischen den Hindernissen kannst du einbauen. Denke daran, in den Wendungen schön fleißigen Arbeitstrab zu reiten. Bei der Wendung nach links kommt der linke Schenkel und treibt in der Wendung, der äußere Zügel führt, mit der ruhigen tiefen Hand, auch mit dem ruhigen Absatz. Die Wade liegt ganz flach am Pferdebauch. Die Verbindung mit beiden Zügeln sicher halten, damit immer eine gleichmäßige und konstante Verbindung zum Pferdemaul besteht. Behalte immer ein gleichmäßiges Trabtempo bei. Du hältst die Hand tief und lässt die Zügel einmal ganz rauskauen bis zur Schnalle. Dann parierst du zum Schritt durch.

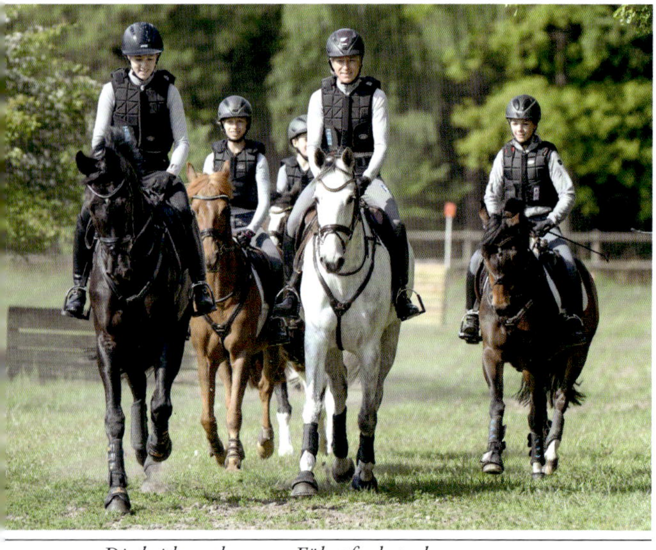

Die beiden gelassenen Führpferde traben vorweg.

VORBEREITENDE GALOPPARBEIT

Zunächst wird im leichten Sitz galoppiert, mit den tiefen Händen am Widerrist. Jetzt können ruhig schon ein paar Tempounterschiede geritten werden. Du galoppierst auf der Geraden nach vorne, wobei du im leichten Sitz galoppierst, und dich dann wieder hinsetzt, um zu parieren. Dann weiß das Pferd, wenn man sich hinsetzt und pariert, muss es sich im Galopp schließen und ein bisschen versammeln. Anschließend reitest du einen Handwechsel, um die Übergänge auf beiden Händen zu üben. Bei der Übung solltest du an den Dressursitz denken, damit das Pferd hinten unter den Schwerpunkt springt.

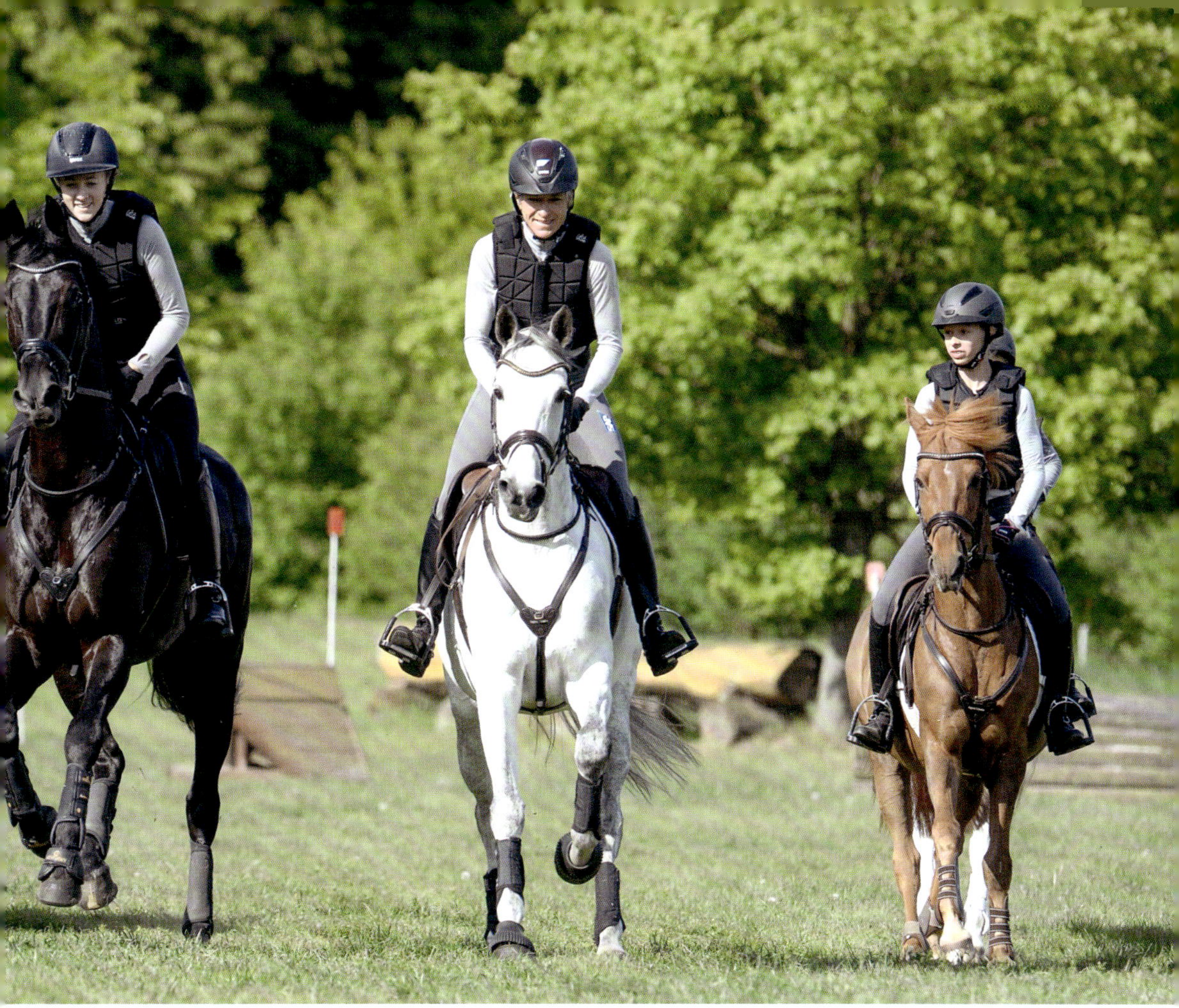

Lösendes Galoppieren im leichten Sitz nebeneinander in der Gruppe

Nach dem Hindernis geht man als Reiter wieder in den leichten Sitz, nimmt den Oberkörper nach vorne, und legt ein bisschen zu. Zwischen den Hindernissen bleibst du immer im leichten Sitz und versuchst, zu entlasten. Das ganze Reitergewicht ist im Absatz. Bei Unsicherheiten, wie weit man nach vorne geneigt sein sollte, hilft es sich vorzustellen, man steht mit gebeugten Knien auf dem Boden: Wenn man mit dem Oberkörper zu weit nach vorne kommt, würde man nach vorne kippen. Ist man zu aufrecht, fällt man zurück. Also muss man sich vorstellen, man steht mit tief gebeugten Knien und kann jederzeit sein Gleichgewicht halten. Dann ist man mit dem Oberkörper optimal ausgerichtet.

Zwischen den Hindernissen galoppierst du im leichten Sitz, kommt das Hindernis, setzt du dich hin, wie beim Dressurreiten, richtest den Oberkörper auf und signalisierst dem Pferd damit, dass es den Galopp versammeln, mehr unter den Schwerpunkt springen und das Tempo zurückführen soll. Nach dem Hindernis geht man wieder in den leichten Sitz und galoppiert im leichten Sitz weg vom Hindernis. Durch die Tempounterschiede in den verschiedenen Sitzpositionen lernen die Pferde ganz schnell: Aha, nach dem Sprung, mit meinem Reiter im leichten Sitz, kann ich wieder freier nach vorne galoppieren und, wenn vor dem Hindernis das Tempo zurückgeführt wird, versammeln und schließen sie sich.

KONTROLLE UND HALTEN

Bevor du mit dem Springen beginnst, überprüfe, ob du die nötige Kontrolle über dein Pferd hast. Du hältst mit beiden Zügeln eine ganz gleichmäßige Verbindung zu deinem Pferd, es muss aber nicht am Zügel gehen, sondern soll zum Sprung schauen können. Wichtig ist, dass der Galopp fleißig ist. Aber du musst im Gelände jederzeit auch parieren können. Übe das Durchparieren zum Trab, zum Schritt und bis zum Halten, damit du lernst, die Kontrolle zu behalten. Dann gibst du nach und reitest erst wieder an, wenn du anreiten willst, und nicht, wenn dein Pferd dies möchte, sodass es lernt, auf dein Kommando zu hören.
Du galoppierst zunächst im Rhythmus im leichten Sitz, dann fängst du mit der Gewichtshilfe an, setzt dich hin, parierst durch zum Trab, zum Schritt und zum Halten und lobst dein Pferd. Hast du die Kontrolle, kannst du mit Geländesprüngen anfangen.

VORSICHT MIT DER GERTE

Wird die Gerte nicht richtig angefasst und der Knauf nicht weit genug oben genommen, kann das gefährlich werden. Steht der Gertenknauf nach oben raus, kann man sich damit in den Zügeln verheddern. Oder noch schlimmer, wenn das Pferd mal stockt und du mit dem Oberkörper nach vorne fällst, kannst du dich an dem herausstehenden Gertenknauf verletzen. Also, immer schön die Gerte weit genug oben, mit dem Knauf abschließend, in die Hand nehmen.

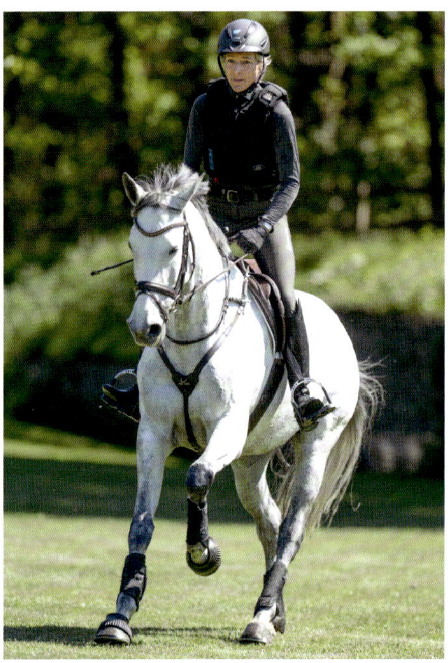

Das Pferd sollte immer wenigstens ein Ohr beim Reiter haben.

ZUSAMMENFASSUNG

Zunächst werden die Pferde auf dem Geländeplatz ausgiebig gelöst, 10 – 15 Minuten mit hingegebenem Zügel im Schritt, anschließend im Leichttraben vorwärts, abwärts in Dehnungshaltung um die Hindernisse herum. Schließlich folgen Übergänge im Galopp. In der Arbeitsphase vor dem Springen werden die Galoppsprünge verlängert und verkürzt. Auch das Reiten auf gebogenen Linien, also auf Zirkellinien und großen Volten, verfeindert die Einwirkung. Die Pferde sollten locker und durchlässig sein, bevor mit dem Springen begonnen wird. Wichtig ist auch, dass das Halten geübt wird, damit die Reiter jederzeit Kontrolle haben und ihr Pferd immer aus dem Galopp über den Trab zum Schritt und schließlich zum Halten parieren können. Das ist wichtig für die Sicherheit.

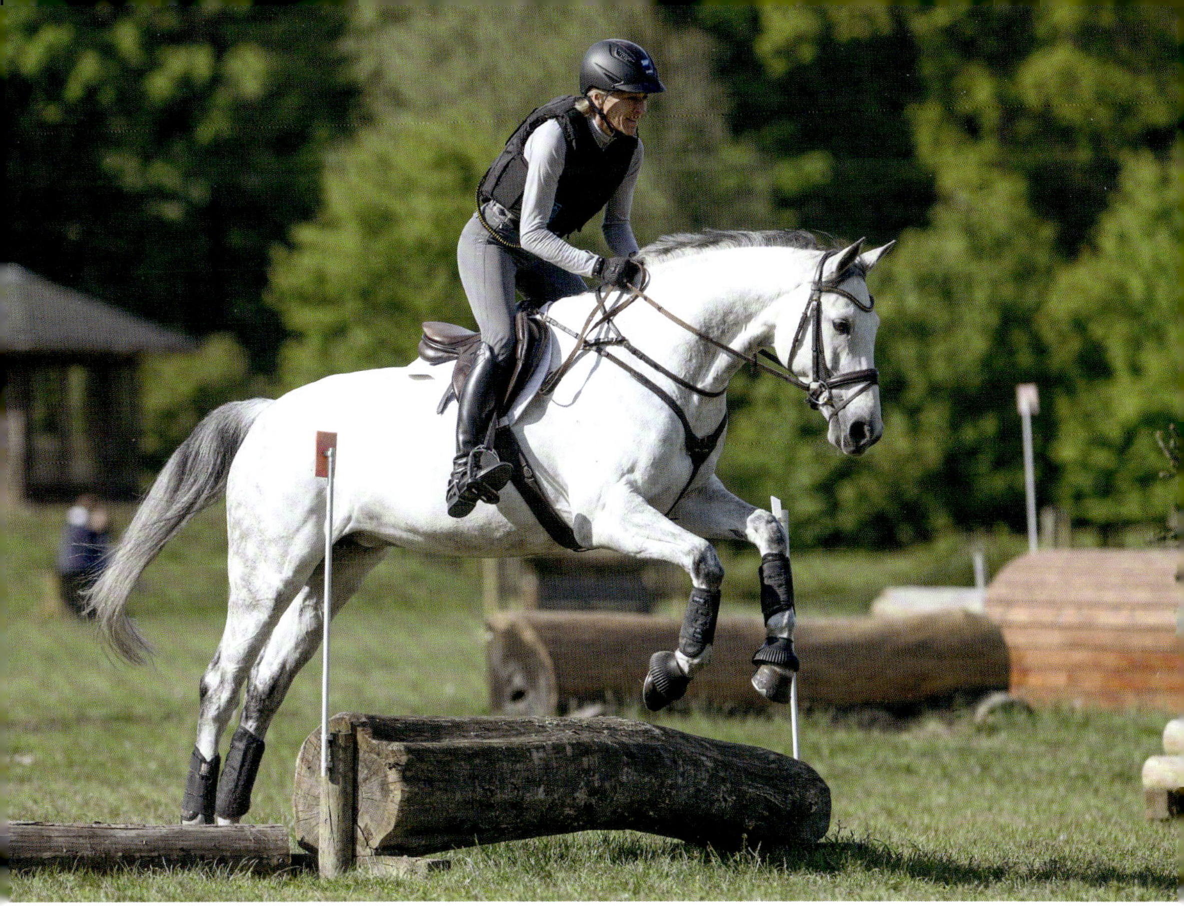

Hände unter den Augen, leichter Sitz mit tiefem Absatz, der Blick des Reiters durch die Ohren nach vorne auf das nächste Hindernis

SPRINGEN VON HINDERNISSEN

GRUNDREGELN

Nun kann begonnen werden, im Gelände zu springen. Dabei gibt es ein paar Dinge, die beachtet werden müssen. Du als Reiter hast immer die Verantwortung, den passenden Weg zum Hindernis zu reiten. Das heißt: Von weitem schaust du zum Hindernis und reitest gerade auf die Mitte zu. Der Anreitweg und das passende Tempo ist deine Verantwortung. Zwischen den Hindernissen wird im leichten Sitz und im rhythmischen Arbeits- bis Mittelgalopp galoppiert. Im Training dabei lieber nicht zu schnell, sondern in einem gleichmäßigen und kontrollierten Rhythmus. Wird das Pferd zu schnell, parierst du. Galoppiert es zu verhalten, reitest du mehr nach vorne. Was dann am Hindernis passiert, wird den Ponys und Pferden überlassen. Diese haben auch eine Verantwortung, es ist ja eine Partnerschaft zwischen Pferd und Reiter. Etwa Fifty-Fifty passt der Reiter auf das Pferd und das Pferd auf den Reiter auf.

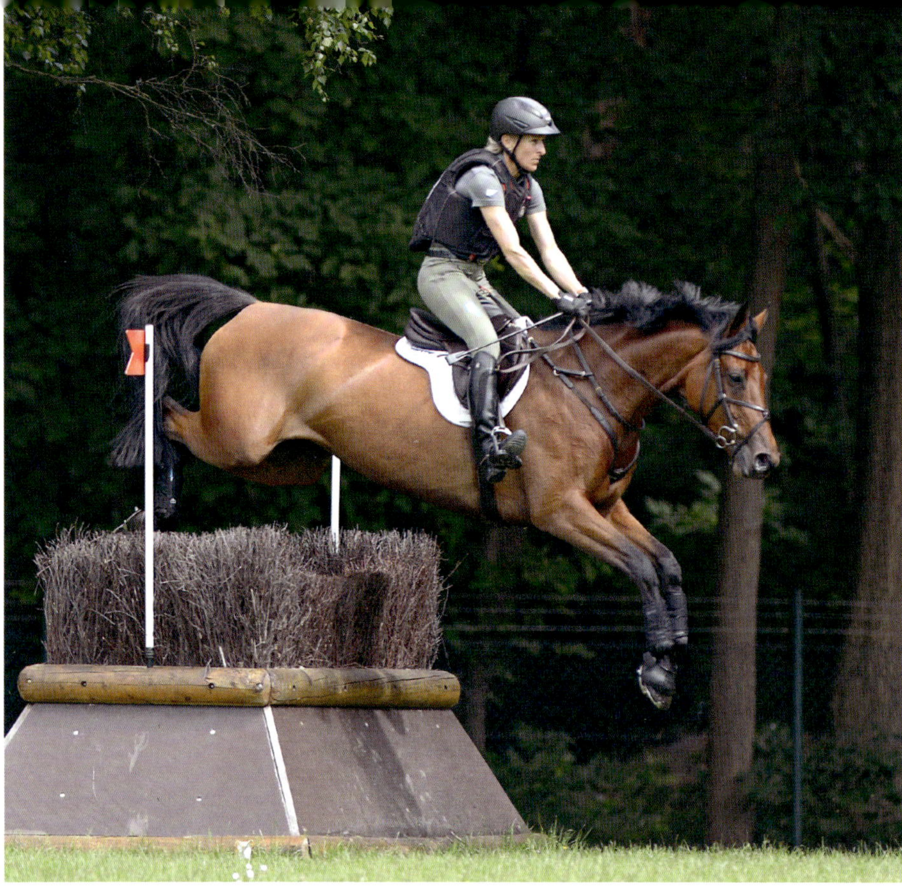

Der Sicherheitssitz: Fußspitze vor dem Knie, Druck im Bügel mit tiefem Absatz. Die Zügel könnten etwas länger sein, damit die Hände unter den Augen sind.

Achte beim Galoppieren zwischen den Hindernissen im leichten Sitz immer darauf, dass deine Hände unter deinen Augen liegen. Also nicht zu weit vorne, sondern über dem Widerrist. Beim Springen nimmst du den Sicherheitssitz ein. Das bedeutet, deine Fußspitze ist vor deinem Knie. Das lässt sich gut machen, wenn man das Gesäß weiter nach hinten nimmt und die Zügel lang genug hat, sodass das Pferd auch den Hals zum Ausbalancieren nehmen kann, sowohl beim Galoppieren als auch beim Springen. Und immer fest in den Bügel treten. Der Druck im Absatz sowie das Abfedern des Reitergewichts in der Landung sind entscheidend. Man muss nämlich im Bügel landen, nicht im Pferderücken.

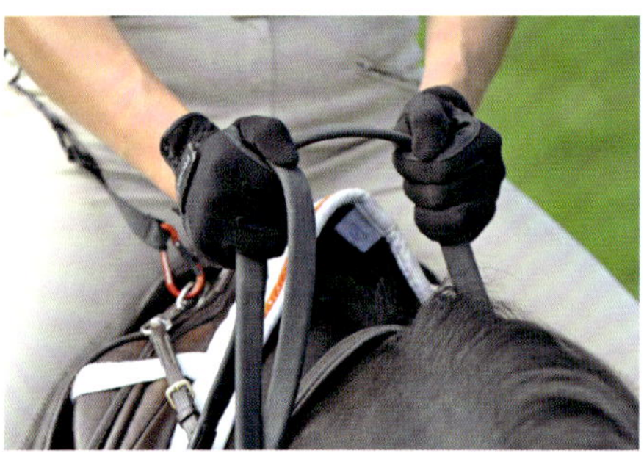

Im Gegensatz zur Dressurzügelbrücke bildet man die Geländezügelbrücke in einer Hand. So kann man die Zügel leichter verlängern und verkürzen.

Eine weitere wichtige Sache ist die Zügelbrücke. Dabei werden beide Zügel übereinander in die rechte oder linke Hand genommen, genau übereinandergelegt, sodass ungefähr eine Handbreit dazwischen passt. So kann man sich zur Not auf dem Hals aufstützen und fällt nicht nach vorne. Und wenn man das Pferd wendet, wendet man immer automatisch auch mit dem äußeren

Zügel und nicht nur mit dem inneren. Gerät man aus dem Gleichgewicht, sofort am Halsring festhalten und die Zügel ein bisschen durchrutschen lassen, sodass man sich auf keinen Fall am Zügel festhält.
Außerdem ist es beim Geländereiten wichtig, die Zügel lang genug zu haben. Wenn die Pferde stolpern oder nach dem Sprung bocken, sofort die Finger öffnen und die Zügel durchrutschen lassen. Dann können die Pferde den Reiter nicht mit nach vorne ziehen. Das Thema Sicherheit ist im Gelände das A und O.

ZUSAMMENFASSUNG

Zwischen den Hindernissen galoppierst du im leichten Sitz. Dabei richtest du deinen Blick immer nach vorne zum nächsten Hindernis. Mit dem genügend langen Zügel hältst du eine konstante Verbindung zum Pferdemaul. In deinem Absatz spürst du einen federnden Druck. Vor dem Hindernis kommt dein Gesäß näher an den Sattel und du nimmst dein Pferd auf und bringst es mehr unter den Schwerpunkt. Über dem Hindernis bleibst du mit deinem Pferd in der Balance. Deine Hände hältst du in einer Linie unter deinen Augen. Achte beim Landen nach dem Sprung darauf, dein Gewicht im Bügel abzufedern. Deine Fußspitze ist dabei vor dem Knie. Nach der Landung reitest du im leichten Sitz weiter.
Für die Zügelbrücke gilt: Führe den linken Zügel zusätzlich durch deine rechte Hand. Fasse die Zügel so, dass du in deiner rechten Hand den rechten Zügel und genau darüber den linken Zügel hältst oder umgekehrt. Deine Hände trägst du aufrecht. Zwischen rechter und linker Zügelfaust ist ein Abstand, der einer liegenden Faust entspricht. In Wendungen hilft dir die Zügelbrücke auch, die äußere Schulter deines Pferdes zu

REGELN FÜR GELÄNDEHINDERNISSE

Verantwortung des Reiters

- Das für den jeweiligen Hindernistyp passende **Tempo** wählen
- Fokussieren auf die ideale **Linie**, optimalen Anreitweg
- Das Pferd mit Gewicht, Schenkel- und Zügelhilfen in die **Balance/ins Gleichgewicht** bringen
- **Zügel** lang genug lassen, damit das Pferd seinen Hals als **Balancierstange** nutzen kann und dich nicht nach vorne zieht.
- Achte darauf, dein Pferd immer **vor den treibenden Hilfen** zu haben. Dabei helfen auch Überraschungsübergänge.
- Lass dein Pferd aktiv **unter den Schwerpunkt** galoppieren, vor allem in **Wendungen** und bei **Tempounterschieden**.

Die verschiedenen Sitzpositionen

- **Leichter Sitz:** Zwischen den Sprüngen
- **Sitz in der Vorbereitung:** Aufrechter Sitz, Gesäß dichter am Sattel
- **Sitz bei der Landung** (Landungs-, Sicherheitssitz): Gewicht im Bügel, Fußspitze vor dem Knie, der Schwerpunkt des Reiters ist hinter dem Steigbügel, Blick durch die Pferdeohren nach vorne, Zügel lang genug
- **Ryan Air** „Row 24" (Ryan Air) – „Oh- Shit"-Position (bei Stolpern, Rumpler des Pferdes): Zwei Drittel des Pferdes sind vor dem Reiter.

kontrollieren. Außerdem verleiht sie dir Sicherheit. Mit der Zügelbrücke kannst du dich notfalls einfach auf dem Hals deines Pferdes abstützen.
Generell gilt beim Springen im Gelände: Als Reiter ist es deine Verantwortung, immer den passenden Weg zu finden und das richtige Tempo zu wählen.

DER CHRIS-BARTLE-„OH-SHIT"-SITZ

Chris Bartles mittlerweile berühmter Rat für brenzlige Situationen ist der „Oh-Shit-Sitz", der dem Landesitz ähnelt. Der Reiter soll sich hierbei so weit wie möglich nach hinten setzen. Die Fußspitze liegt in einer gedachten Linie vor dem Knie, sodass der Unterschenkel weit vorkommt. Das Gesäß ist im Sattel, der Oberkörper hinter der Senkrechten. Die Hände liegen auf einer Linie senkrecht von den Augen des Reiters hinab. Um das zu erreichen, sagt Chris Bartle gern: „Hände gegen den Widerrist drücken." Die Zügel sollen lang sein, damit das Pferd in Notsituationen seinen Hals komplett als Balancierstange benutzen kann. Außerdem wird es dem Reiter erst mit diesen langen Zügeln möglich, den Oberkörper weit genug nach hinten zu nehmen – das gibt dem Pferd viel Schulterfreiheit.

WAS DER REITER HIERFÜR BRAUCHT

Um all die oben genannten Sitzpositionen ausführen zu können, braucht der Reiter Kraft in den Ober- und Unterschenkeln und generell einen guten Muskeltonus. Er muss lernen, wie man die zentrale Muskultur, die sich in der Körpermitte befindet, anspricht. Zudem braucht der Reiter viel Übung im schnellen Herausgleitenlassen und Wiederaufnehmen der Zügel, damit das im Gelände schnell und vor allem intuitiv klappt, ohne die Zügel zu verlieren.

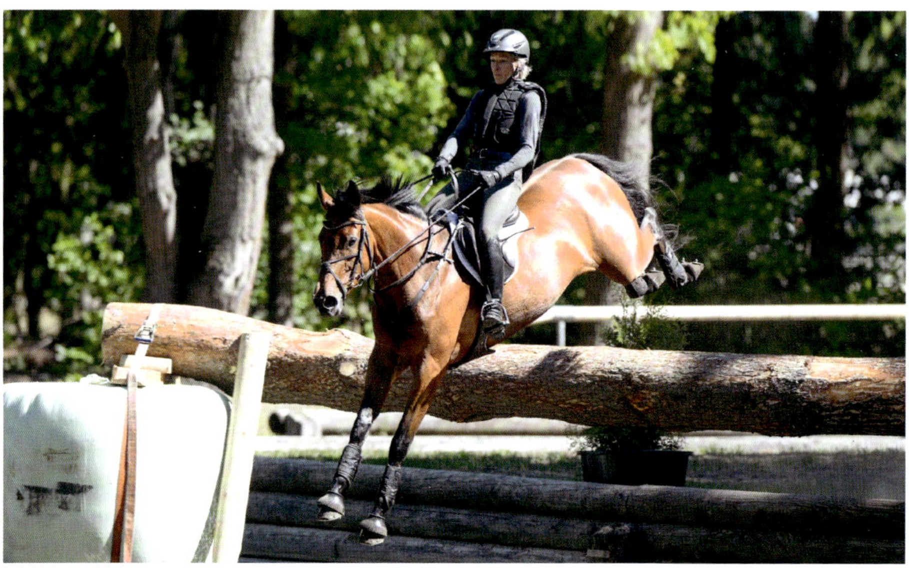

Die Zügelbrücke rahmt das Pferd sicher ein.

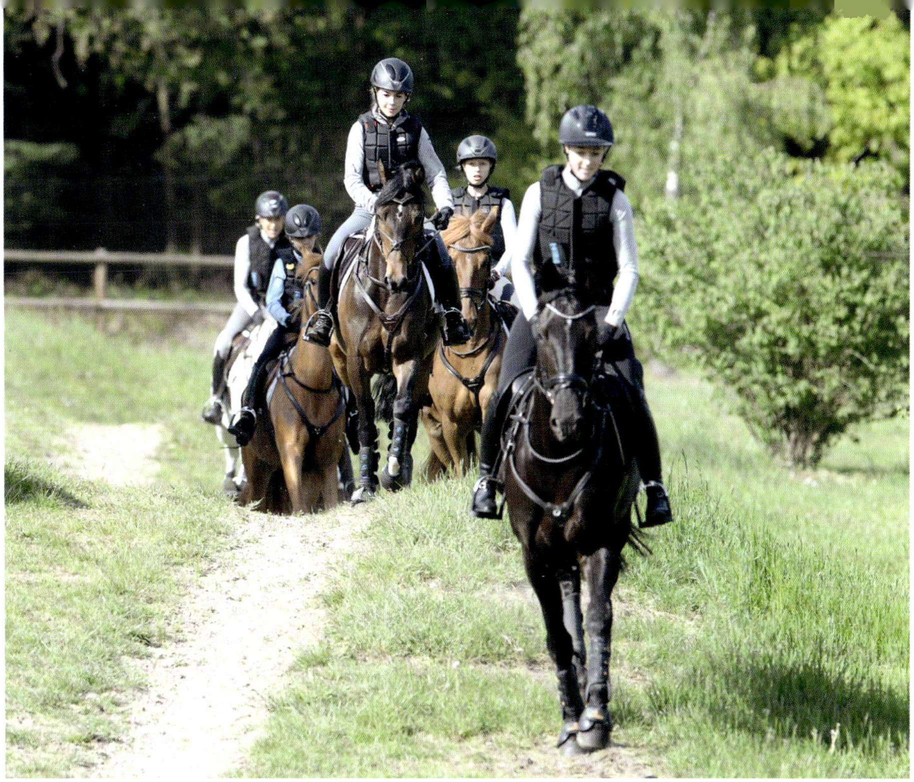

Wir reiten hintereinander im Trab durch die Wellenbahn.

GELÄNDEHINDERNISSE

WELLENBAHN

Als erste Aufgabe nehmen wir die Wellenbahn in Angriff. Das Reiten über die hintereinanderliegenden Hügel schult das Balancegefühl von Pferd und Reiter. Außerdem lernen beide, auch bergauf und bergab einen gleichmäßigen Rhythmus zu halten. Das bereitet prima auf das Reiten im Gelände vor, aber auch auf spätere Auf- und Absprünge. Zunächst wird die Zügelbrücke in die Hand genommen. Dann wird leichtgetrabt und im Trab über die Wellenbahn geritten. Hinter der Wellenbahn machst du kehrt und reitest direkt wieder über die Wellenbahn zurück. Dabei hältst du im Trab ein gleichmäßiges Tempo. Beim Bergabgehen dürfen die Pferde nicht schneller und beim Bergaufgehen nicht langsamer werden. Vielleicht musst du ein bisschen parieren oder treiben, um das Tempo gleichmäßig zu halten.
Anschließend kann galoppiert werden. Dabei gehst du mit dem Oberkörper bergauf nach vorne, richtest dich bergab leicht auf, nimmst den Schenkel nach vorne und lässt die Hand tief. Beim Galoppieren über die Wellenbahn achtest du darauf, dich auch im leichten Sitz gut auszubalancieren. Auch hier soll dein Pferd beim Bergaufreiten nicht den Fleiß verlieren, beim Bergabreiten soll es nicht schneller werden.
Mit dieser Übung schulst du dein Gleichgewicht und dein Gefühl für einen gleichmäßigen Galopprhythmus.

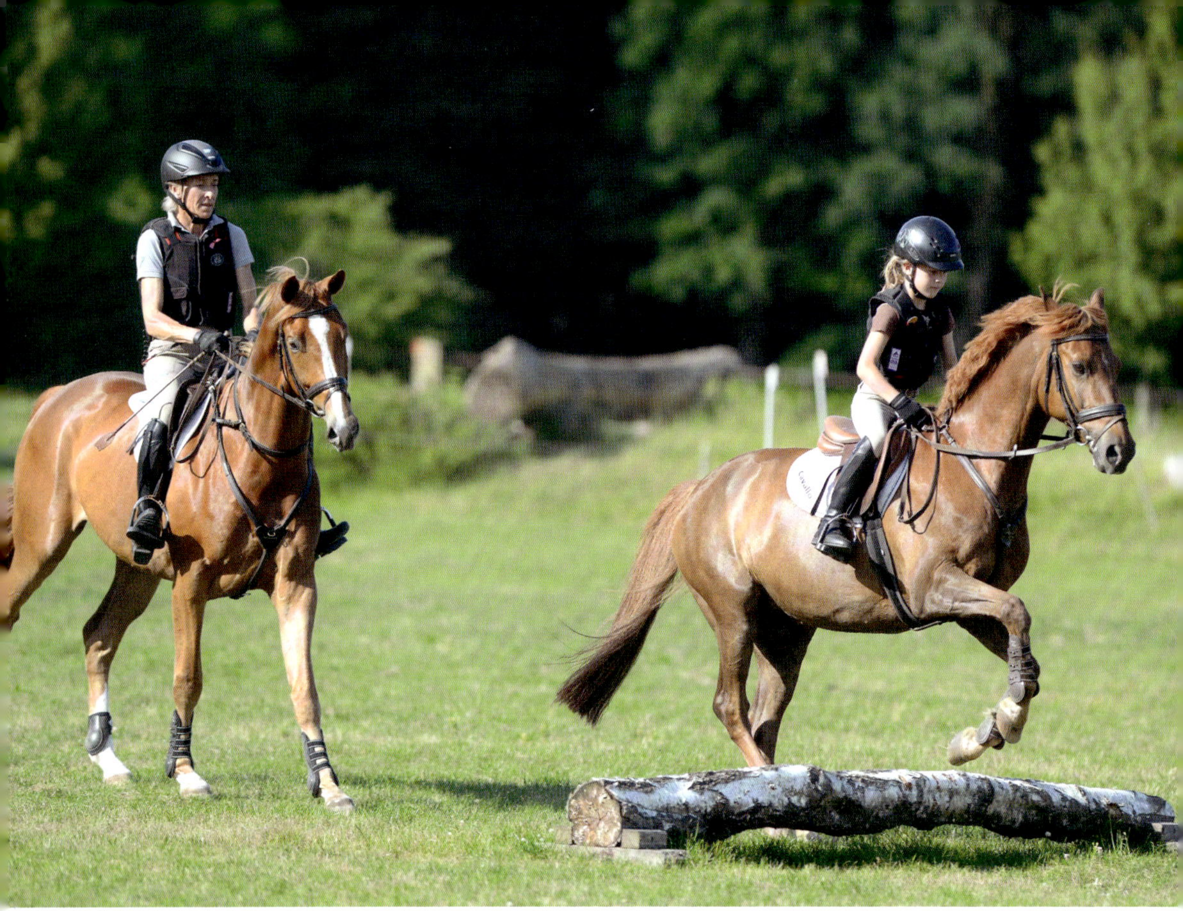

Die ersten Baumstämme können nicht niedrig genug sein.

BAUMSTÄMME

Ein niedriger Baumstamm ist für den Einstieg gut geeignet. Auch bei Ausritten kann ein Baumstamm auf dem Weg liegen und dir womöglich den Weg versperren. Deshalb ist es gut, dein Pferd und dich darauf vorzubereiten, wie du kleine Hindernisse im Gelände sicher überwinden kannst.
Die ersten „Naturhindernisse" können gar nicht niedrig genug sein, damit das Pferd das Hindernis zur Not auch aus dem Stand überwinden kann. Am besten sind die Hindernisse sehr breit und mit Bäumchen oder mit Fangständern umrahmt. Das heißt, wir machen dem Pferd das Überwinden des Hindernisses so einfach wie möglich. Selbst wenn das Pferd anfangs zögert, steht und stockt, machen wir ihm klar, dass es auf jeden Fall auf die andere Seite des Hindernisses muss, notfalls aus dem Stand. Deshalb müssen die Hindernisse anfangs sehr niedrig sein. Beim Erobern der unterschiedlichen Hindernisse im Gelände gilt immer das gleiche Prinzip: Erst kommen die Reiter im Schritt, und lassen die Pferde an dem neuen Hindernis schnuppern. Und dann kommt der nächste Schritt: Ihr nehmt die Zügel auf, fasst dabei die Zügelbrücke fest, sodass sie nicht zu breit wird. Ein unerfahrener Reiter oder ein unerfahrenes Pferd folgt zunächst immer einem erfahrenen Führpferd. Du kannst im Leichttraben mit zwei Pferdelängen Abstand hinter dem Führpferd traben. Dabei zum Hindernis schauen, früh genug aussitzen, in den Entlastungssitz gehen, sodass man nicht vor die Bewegung kommt und vor dem Pferd springt. Beim Springen immer erst das Pferd springen lassen und mit der Bewegung mitgehen.

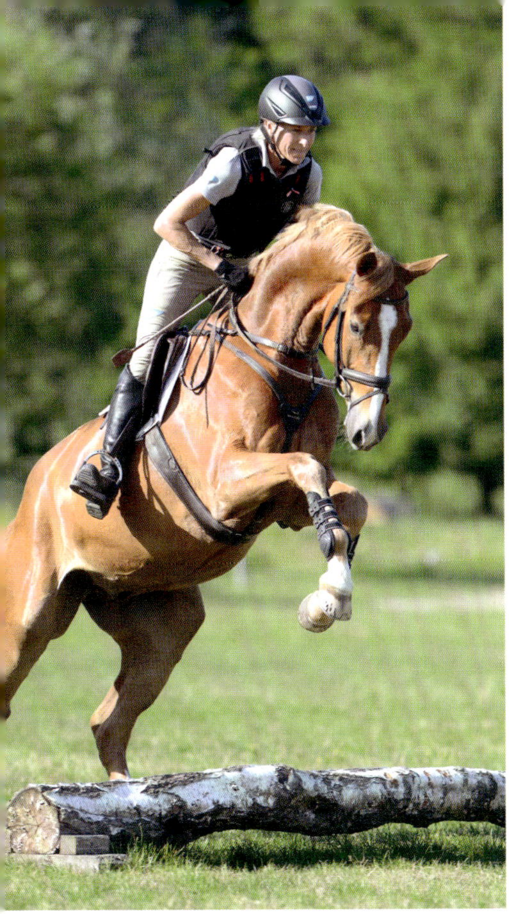

Das unerfahrene Pferd überspringt sich anfangs.

Das Hindernis sollte von weitem auf gerader Linie angeritten werden, wobei das Pferd zum Sprung schauen darf. Der Reiter behält eine weiche Verbindung zum Pferdemaul, damit er unmittelbar eingreifen kann, falls das Pferd versucht, seitlich am Hindernis vorbeizulaufen.
Konntest du drei bis vier Mal, ohne zu zögern, hinter dem Führpferd herspringen, versuchst du, das Hindernis aus dem Trab alleine zu überwinden. Zu Beginn ist es leichter, wenn die Gruppe oder das Führpferd hinter dem Sprung steht.
Bleibt dein Pferd im Trab gut unter Kontrolle, dass es auf den Sprung zu nicht beschleunigt und nach dem Hindernis nicht losstürmt, kannst du aus einem ruhigen Galopptempo erneut anreiten.
Sollte dein Pferd doch etwas zu heftig werden, wählst du einen Anreitweg aus der gebogenen Linie heraus, und zwar so, dass dein Pferd nur drei bis vier Pferdelängen geradeaus gestellt ist. In der Wendung achtest du auf einen gleichmäßigen Rhythmus.
Manche Pferde neigen gerade anfangs dazu, nach dem Hindernis vor Übermut zu buckeln oder loszustürmen. Der Reiter muss dann den Sicherheitssitz einnehmen und mit der Zügelbrücke versuchen, den Kopf des Pferdes oben zu halten, um ein Buckeln zu verhindern. Manchmal ist auch Vorwärtsreiten eine gute Korrektur.
Wenn dein Pferd nach dem Sprung zu heftig wird, versuchst du, mit einem anschließenden Zirkel wieder die Kontrolle zu gewinnen. Manchmal ist es ratsam, nach

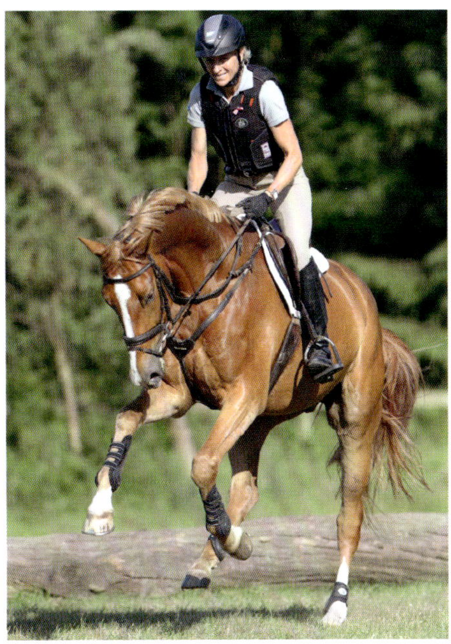

Ein Freudenbuckler danach gehört oft dazu.

dem Hindernis durchzuparieren, damit das Pferd sich nicht den Hilfen des Reiters entziehen kann.
Habt ihr das Hindernis aus dem Galopp einige Male übersprungen, sollte eine Schrittpause zum Verschnaufen eingelegt werden. Wichtig ist, dein Pferd nach jedem gut gemachten Sprung zu loben. Das baut Vertrauen auf und ermutigt dein Pferd.

TEMPO UND WEG

Als Reiter bist du verantwortlich für das passende Tempo und den optimalen Anreitweg – so unterstützt du dein Pferd.

HECKEN

Hecken gehören zu den typischen Naturhindernissen, die auch gerne auf Jagden gesprungen werden. Die Hecke ist ausgestopft mit Bürsten, sodass die Pferde durchwischen können durch den höheren Teil. Das lernen sie erst mit einiger Erfahrung. Am Anfang überspringen sie sich und trauen sich nicht, durch die Hecke zu wischen. Deshalb sollten die Hecken anfangs nicht zu hoch sein, damit die Pferde sich nicht zu stark überspringen. Überspringen kostet viel Kraft und bedeutet einen aufwändigen Bewegungsablauf. Auch der Reiter braucht hierfür einen sicheren Sitz, um dies aus-

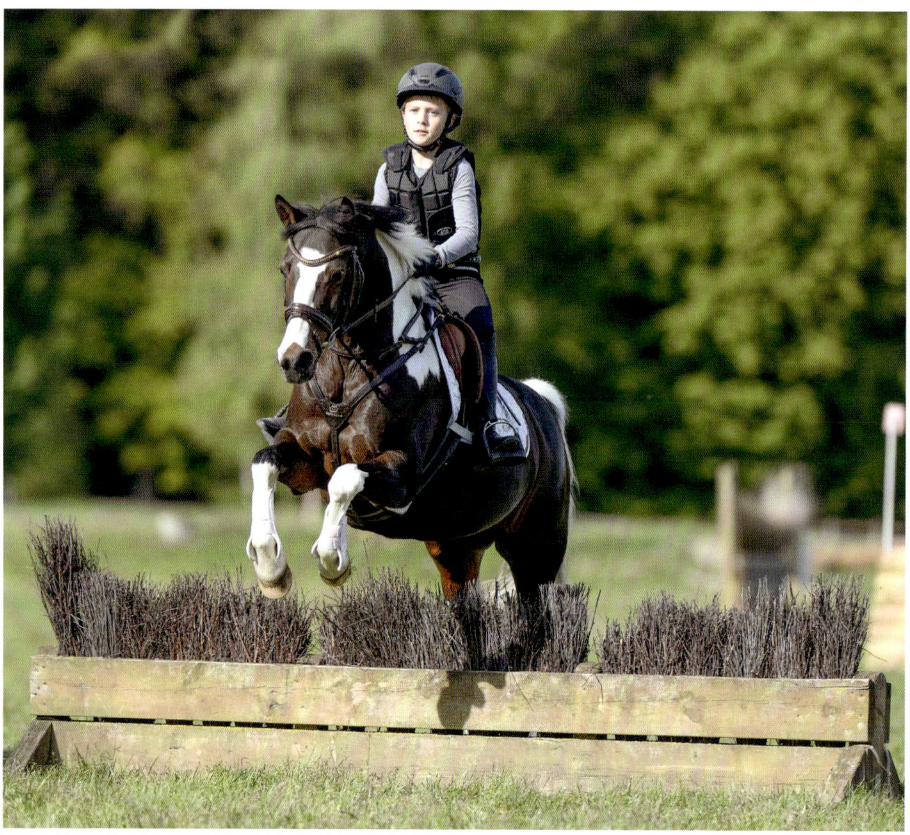

Philippas Pony springt sicher über die Mitte der breiten, niedrigen Hecke.

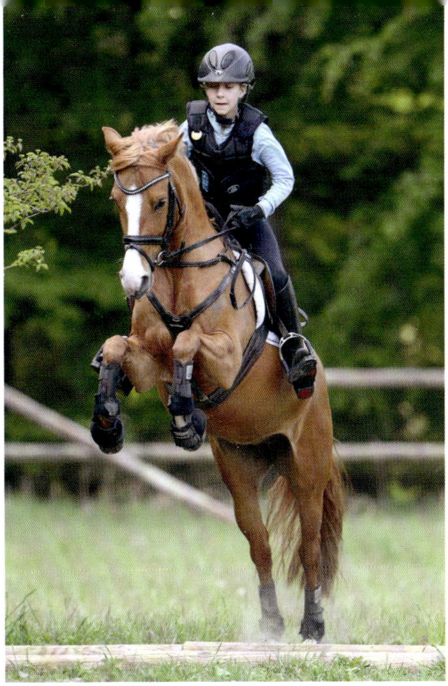

Ganz geheuer ist das nicht: Da hilft nur ein mächtiger Satz mit Blick nach unten.

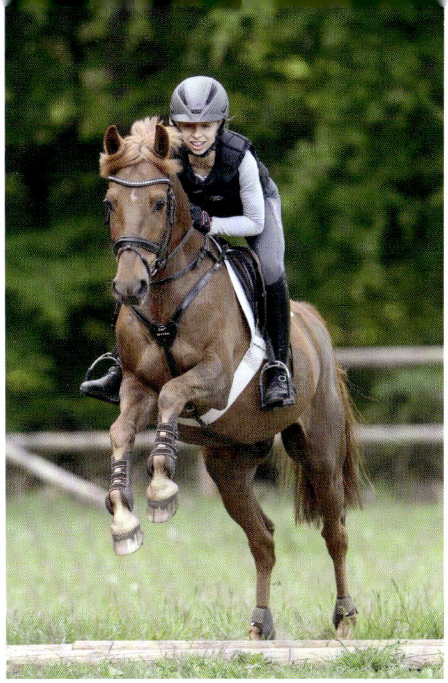

Kein Problem: Routinier Nemo springt vertrauensvoll über den Graben.

zugleichen. Vorsichtige Pferde brauchen manchmal länger, bis sie rationell springen. Bei Geländeprüfungen dienen Bürsten über dem festen Element des Hindernisses auch zur Sicherheit. Das Pferd springt dadurch etwas höher. In brenzligen Situationen wischt es notfalls durch die Bürste und die Verletzungsgefahr wird reduziert.

GRÄBEN

Gräben sind Geländehindernisse, die in jedem Geländeritt vorkommen. Sie sehen eindrucksvoll aus, vor allem wenn sie tief oder mit Wasser gefüllt sind. Mit unerfahrenen Pferden darf man gerade in den ersten Übungsstunden keine Fehler machen. Das unerfahrene Pferd benötigt einen erfahrenen Reiter. Ist der Reiter unsicher, überträgt sich das sofort auf das Pferd. Dass ein Pferd vor seinem ersten Graben zögert, ist normal. Du musst es durch entschlossenes Treiben unterstützen und so lange einem Führpferd folgen, bis es vertrauensvoll springt.

Unerfahrene oder unsichere Reiter brauchen auf jeden Fall ein sicheres, erfahrenes Pferd und sollten erst über Gräben springen, wenn sie die anderen Geländehindernisse souverän überwinden können.
Der ideale Graben für die ersten Versuche sollte trocken und höchstens 0,8 bis 1 m breit sein, sodass das Pferd notfalls auch aus dem Stand springen kann. Prüfe vorher, ob die Umrandung des Grabens gut sichtbar, d. h. nicht von Gras oder Unkraut überwuchert ist. Das Pferd muss sowohl die Absprunglinie als auch die hintere Begrenzung gut erkennen können. In Geländeprüfungen sieht man oft eine weiß angestrichene Umrandung, die verhindert, dass das Pferd auf die Kante des Grabens tritt. Bisher haben wir unseren unerfahrenen Pferden die fremden Hindernisse im Schritt gezeigt. Beim Graben gibt es eine Ausnahme. Hier wird den Pferden vorher nicht ermöglicht, zu schauen und zu schnuppern, weil es ja vor allen Dingen die Optik ist, die die Pferde erst mal so ein bisschen aufmerksam und unsicher macht. Im Prinzip ist ein Graben ja nur ein erweiterter Galoppsprung. Und

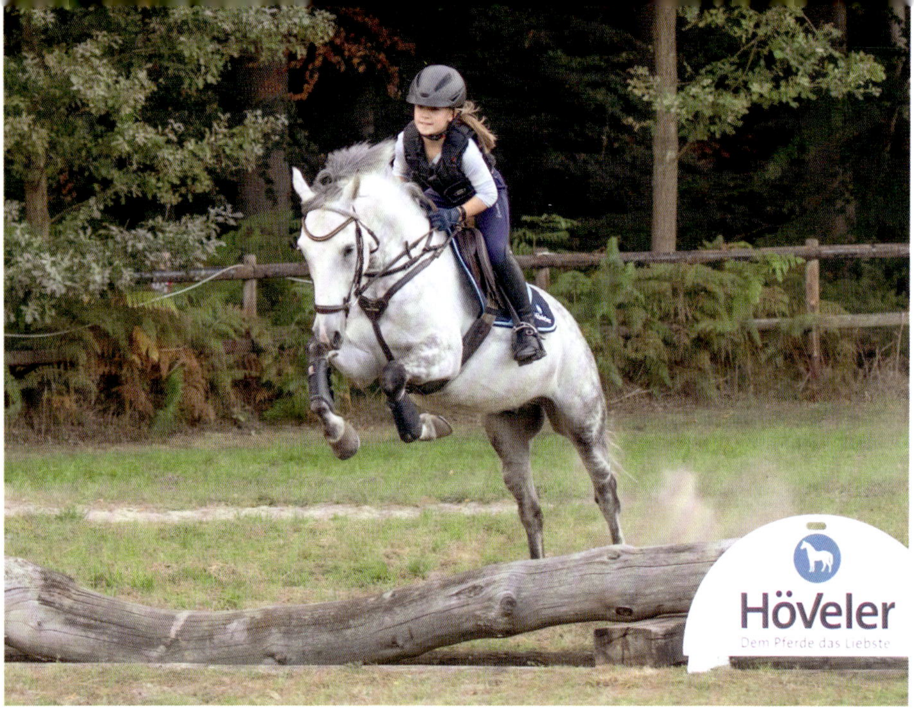

Mustang und Philippa mit einem weiten Sprung über den überbauten Graben

deshalb wird zunächst erst im Trab hinter dem Führpferd hergeritten. Beim ersten Mal springen die Pferde oft vertrauensvoll über den Graben. Dann haben sie über dem Sprung gesehen, da war doch was unter mir, und machen beim zweiten Mal oft entweder einen Riesensatz oder sie stocken und zögern. Es ist nicht das erste Anreiten, sondern vor allen Dingen das zweite Anreiten, bei dem man aufpassen muss. Du musst dein Pferd mit dem treibenden Schenkel unterstützen und den Zügel lang genug lassen, aber nicht zu lang, damit das Pferd den Kopf oben behält und nicht in den Graben schaut. Das Pferd muss immer vor dir sein. Wichtig ist, dass man lieber ein bisschen mehr Schwung hat, denn Schwung hilft beim Sprung über den Graben.
Was passiert, wenn mein Pferd vor dem Graben stehen bleibt? Dann reitest du noch einmal im flüssigen Tempo entschlossen hinter dem Führpferd her. Du stellst dein Pferd sicher an den verkürzten Zügel, sodass es sich auf die Hilfengebung konzentriert. Du solltest auf ein Zögern gefasst sein und im Aussitzen anreiten, um vermehrt treiben zu können. Die treibenden Hilfen des Reiters müssen beim Zögern die Unentschlossenheit des Pferdes ausgleichen. Die Stimme kann mit Schnalzen oder dem Kommando „Komm!“ unterstützen. Konsequentes Anreiten ist wichtig! Nur so kann der Reiter ein Stehenbleiben verhindern.
Folge dem Führpferd lieber einmal mehr als bei anderen Hindernissen. Möglicherweise verweigert ein unerfahrenes Pferd erst im letzten Moment, wenn es den Graben sieht. Ist das Führpferd schon auf der anderen Seite des Grabens, kann es passieren, dass dein Pferd plötzlich doch noch abdrückt. Du musst auf alles gefasst sein und notfalls in den Halsring fassen.
Springt dein Pferd über den Graben, pariere durch zum Trab und Schritt und lobe es mit der Stimme und einem Klopfen oder Streicheln am Hals. Nach einer kurzen Erholungspause im Schritt kannst du weiterüben, bis dein Pferd, ohne zu zögern, vertrauensvoll über den Graben springt. Achte hierbei darauf, dein Pferd kräftemäßig nicht zu überfordern.

ZUSAMMENFASSUNG

Fassen wir noch einmal zusammen: Befolge beim Springen im Gelände immer folgendes Grundprinzip: Erst zeigst du deinem Pferd das Hindernis. Hinter einem erfahrenen Führpferd springst du das Hindernis. Dann überwindest du es allein. Erst wartet das Führpferd auf der anderen Seite, danach springst du ganz ohne Führpferd. Besonders gut für den Einstieg eignen sich niedrige, einladende Baumstämme. Wähle einen Baumstamm, der so niedrig ist, dass ihn dein Pferd auch im Schritt überwinden kann. Er sollte breit sein, und mit Fangständern oder Büschen eingefasst sein. Auch niedrigere Hindernisse mit ausgestopften Hecken bieten sich für Geländeeinsteiger an. Klappen Baumstämme und Hecken sicher und ohne Zögern, kannst du dich an einem ersten Graben versuchen. Springe ihn zu Beginn am besten in Kombination mit einem Baumstamm. Reite das Hindernis erst so an, dass der Graben hinter dem Baumstamm liegt, und wiederhole das einige Male. Danach kannst du aus der anderen Richtung kommen. Achtung! Ein Graben lädt dazu ein, hineinzugucken. Sei darauf gefasst, dass das Pferd einen etwas größeren Satz macht. Schaue selbst immer durch die Pferdeohren nach vorne, nicht hinunter in den Graben.

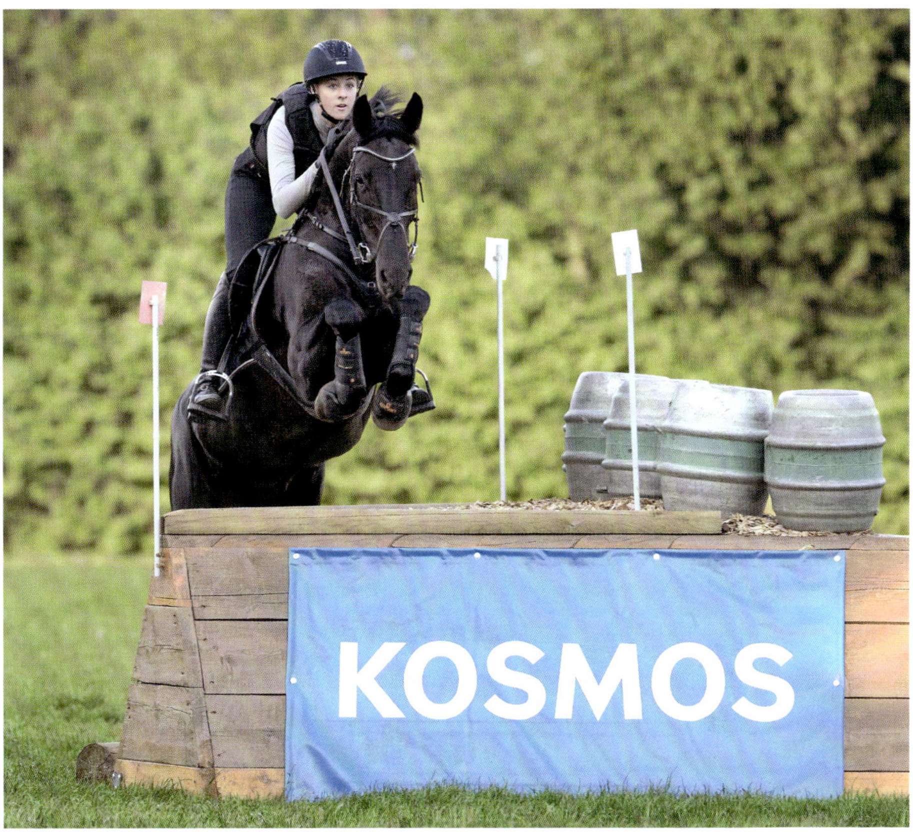

Mit gespitzten Ohren und vorbildlicher Manier

AUF- UND ABSPRÜNGE

Auf- und Absprünge sind typische Hindernisse in einem Geländeparcours. Und auch beim Ausreiten kann es schon mal vorkommen, dass du eine Stufe oder einen kleinen Wall hoch- oder hinunterspringen musst. Hier zeige ich dir zwei Beispiele für diese Hindernisart. Ich erkläre dir, wie du Auf- und Absprünge richtig anreitest und sicher überwindest.

Ob man eine Stufe zuerst bergauf oder bergab springt, ist von den individuellen Trainingsmöglichkeiten abhängig. Hat dein Trainingsplatz beispielsweise eine angelegte Grube, musst du zuerst hineinspringen, um dann wieder über eine Stufe herausspringen zu können. Die zweite Variante ist ein Wall. Hier springt man zuerst eine Stufe bergauf und dann wieder hinunter. Wichtig ist vor allem, dass mit niedrigen Stufen begonnen wird.

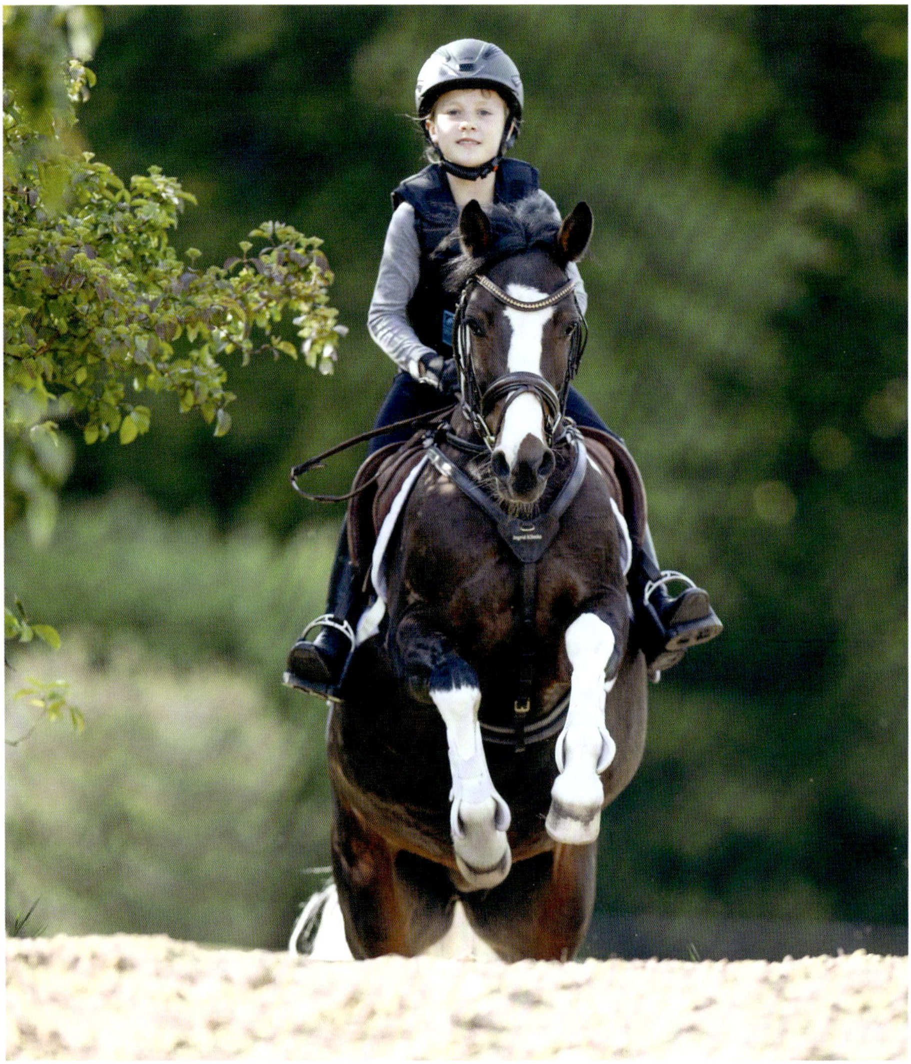

Die Stufe hoch sicher gemeistert …

AUFSPRUNG

Worauf ist bei Aufsprüngen zu achten? Wichtig ist, dass der Reiter nicht hinter die Bewegung kommt. Hat ein noch unerfahrener Reiter dabei anfangs Bedenken, sollte er lieber in den Halsring fassen. Es ist immer besser, sich am Halsriemen festzuhalten, als das Pferd im Maul zu stören! Wie zuvor bei der Wellenbahn nimmst du beim Hochreiten deinen Oberkörper nach vorne. Achte beim Hochspringen darauf, nicht schneller zu werden, den Rhythmus zu halten und mit deinem Oberkörper, ähnlich wie beim Springen nach vorne zu gehen. Beim Anreiten von Aufsprüngen ist zwar ein frisches Tempo erforderlich, welches aber nicht mit einem schnellen und zu langen, flachen Galopp verwechselt werden darf.

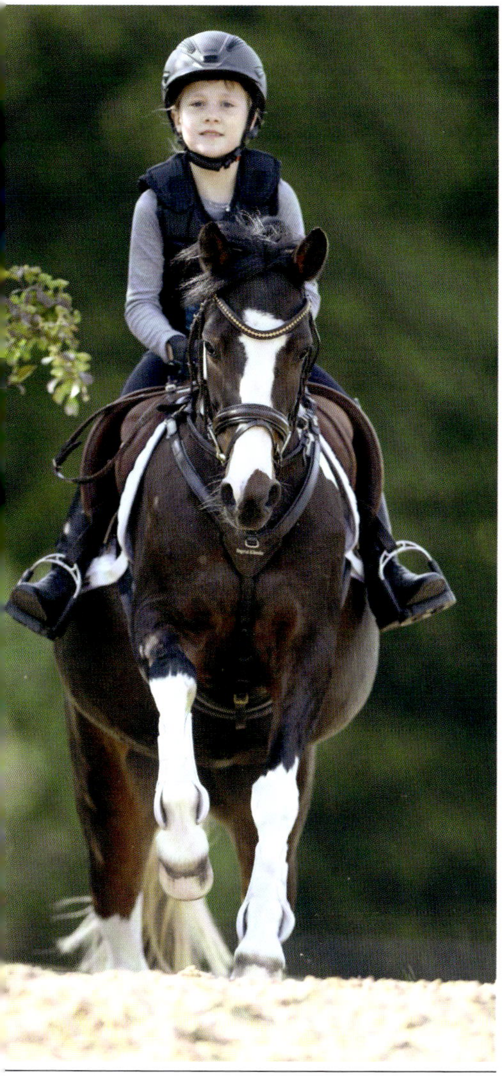

... oben auf dem Wall wird durchpariert.

Es gibt Pferde, denen das Auf- und Abspringen keine großen Probleme bereitet. Das sind häufig diejenigen, die von Natur aus ein gutes Koordinationsvermögen und Gleichgewichtsgefühl haben. Ist ein Pferd noch schwach im Rücken oder nicht gut ausbalanciert, wird es diese Art von Geländehindernissen in kleineren Schritten üben müssen. Die zweite Variante ist der Wall bzw. die erhöhte Ebene. Das unerfahrene Pferd folgt wieder dem Führpferd im Trab, der Reiter lässt es zur Stufe hinschauen. Das Tempo muss frisch genug sein. Da sich das Pferd beim Hochspringen kräftig abdrücken muss, sollte die Hinterhand gut aktiviert sein. Der Schwung darf nicht verloren gehen, deswegen soll man nicht zu versammelt anreiten. Für manche Pferde ist es anfangs schwierig, zu taxieren, wann sie genau abspringen müssen. Bleibt das Pferd vor der Stufe stehen, dann lass es schnuppern. Auf keinen Fall aus dem Stand versuchen, es doch noch zum Hochspringen zu veranlassen! Bleibt das Pferd vor einer Stufe bergauf stehen, reitet man von weitem mit viel Schwung noch einmal an. Wieder ist das Vorwärtstreiben beim geringsten Zögern entscheidend dafür, dass kein Schwung verloren geht. Springt es hinauf, wird oben wieder durchpariert und gelobt. Im nächsten Durchgang wird die Stufe ohne Führpferd angeritten, wobei das Führpferd entweder auf oder hinter dem Wall steht. Es sollte sich nicht neben der Absprungstelle und auch nicht an der Anreitstelle befinden, um ein Kleben zu vermeiden. Eine Stufe beim ersten Training von Aufsprüngen aus dem Galopp anzureiten, ist deswegen eine gute Übung, weil aus dem Galopp vielen Pferden der Aufsprung leichter fällt.

ABSPRUNG

Wie müssen Absprünge angeritten werden? Anfangs wird im Schritt oder notfalls aus dem Stand angeritten. Ruhiges Tempo ist beim Anreiten notwendig, weil das Pferd langsam und vorsichtig herunterspringen soll. Das Pferd sollte mit genügend langem Zügel zum Absprung geritten werden, weil es den Hals als Balancierstange braucht. Auch mit dem verlängerten Zügelmaß kann der Reiter die Verbindung zum Pferdemaul halten. Auf keinen Fall darf der Zügel zu kurz sein. Der Oberkörper des Reiters ist aufgerichtet, fast leicht nach hinten geneigt, um mit dem Pferd im Gleichgewicht zu sein. Das Reitergewicht darf nicht zusätzlich auf die Vorhand verlagert werden. Der Reiter sitzt aus, um nicht vor die Bewegung des Pferdes zu kommen.
Beim Sprung hinunter die Finger öffnen und die Zügel ein bisschen durchrutschen lassen. Dabei daran denken, dass die Fußspitze nach vorne geht und man mit festem Druck im Absatz landet. Achte darauf, dass du deinem Pferd nicht in den Rücken fällst. Das ist anfangs oft leichter gesagt als getan.

ZUSAMMENFASSUNG

Fassen wir noch einmal zusammen: Übe, wenn möglich immer zuerst Aufsprünge. Halte dabei einen gleichmäßigen Rhythmus und lass dein Pferd nicht schneller werden. Bleib mit der Bewegung deines Pferdes in Balance. Probierst du die ersten Absprünge, denk daran, deinen Oberkörper aufrechtzuhalten, und die Zügel rechtzeitig durchrutschen zu lassen. Das ist wichtig, damit dein Pferd sich mit seinem Hals ausbalancieren kann. Beim Landen federst du dein Gewicht im Steigbügel ab. Schaue nicht nach unten, sondern immer gerade nach vorn.

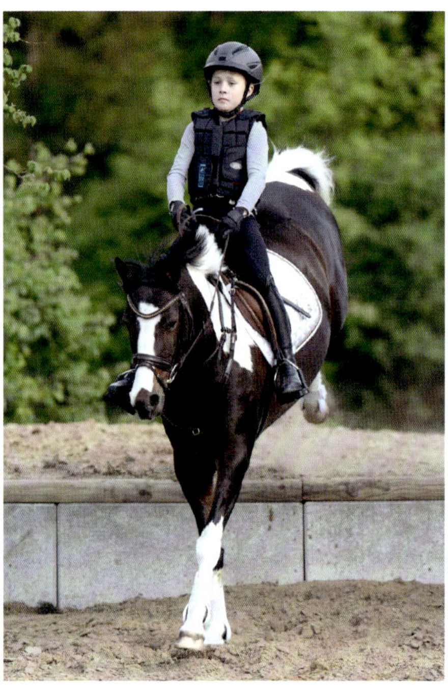

In der Landung bergab bleibt der Oberkörper senkrecht …

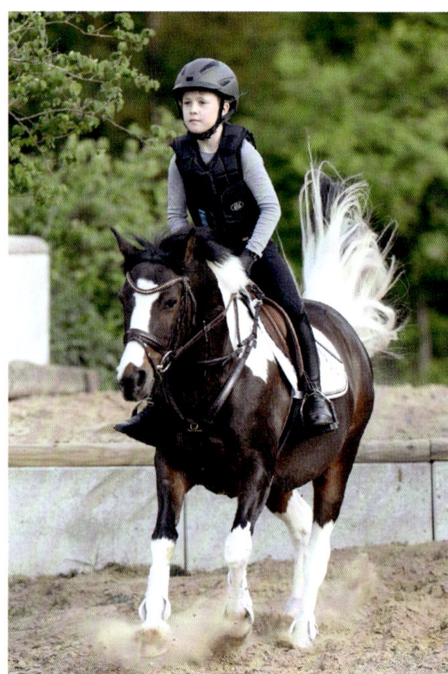

… und geht erst nach der Landung wieder nach vorne.

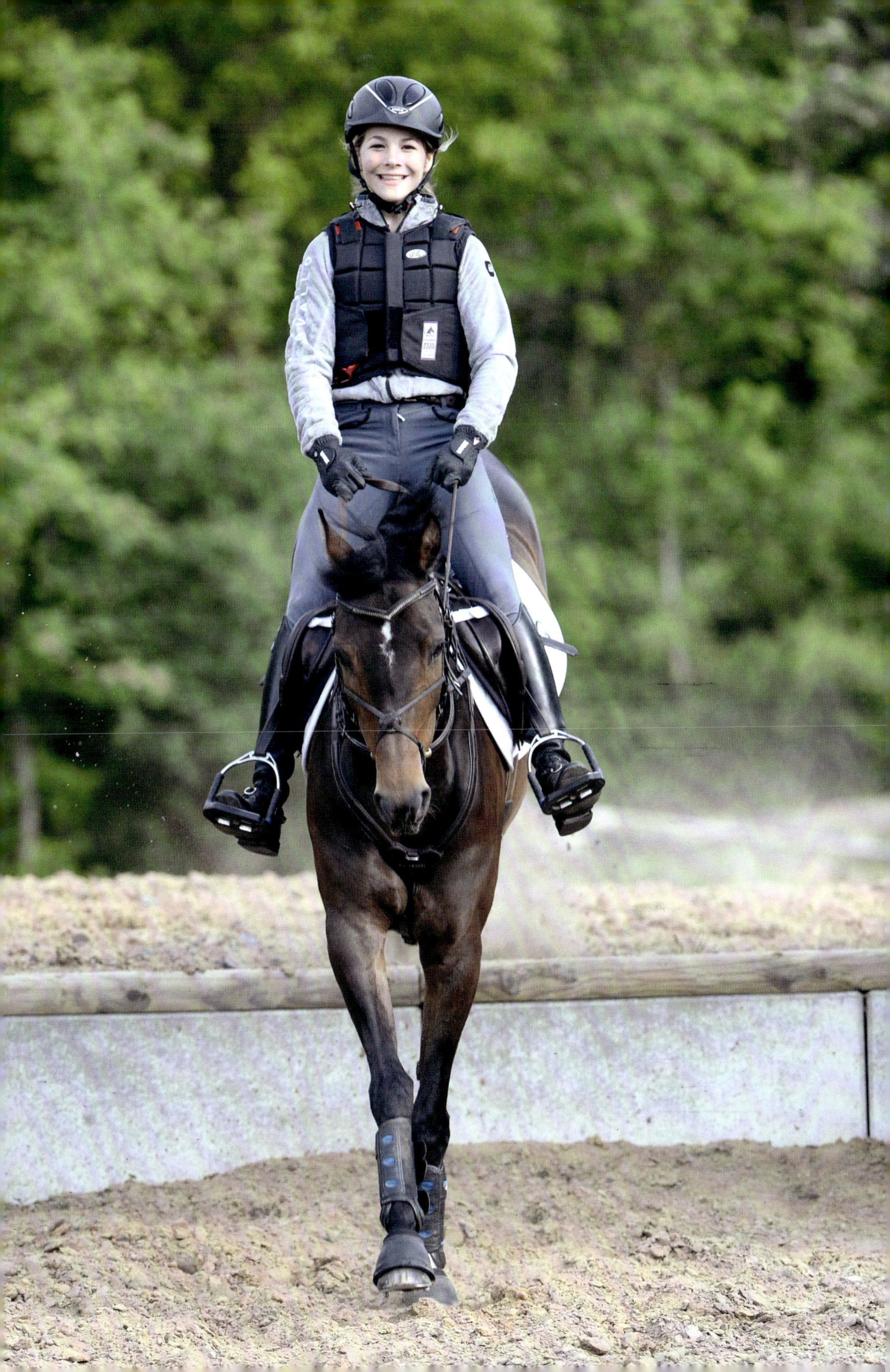

NIEDRIGE GELÄNDEHINDERNISSE

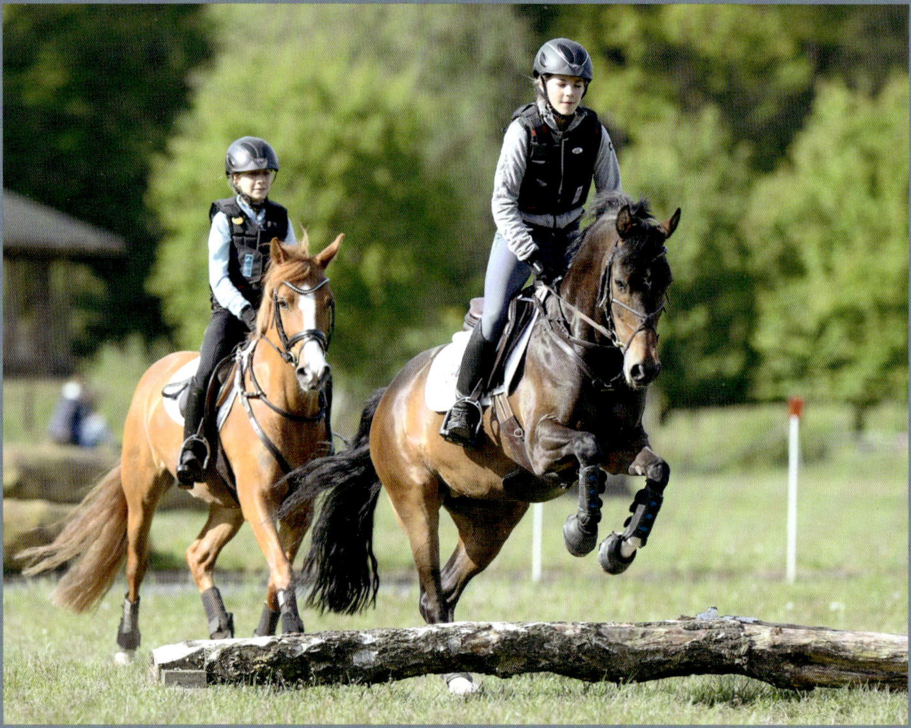

Das Zögern des jungen Ponys zeigt, wie wichtig das Führpony ist.

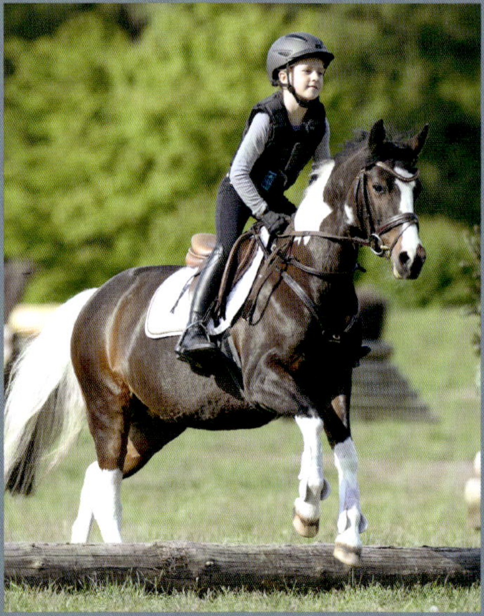

Lässiges Galoppieren über den Baumstamm …

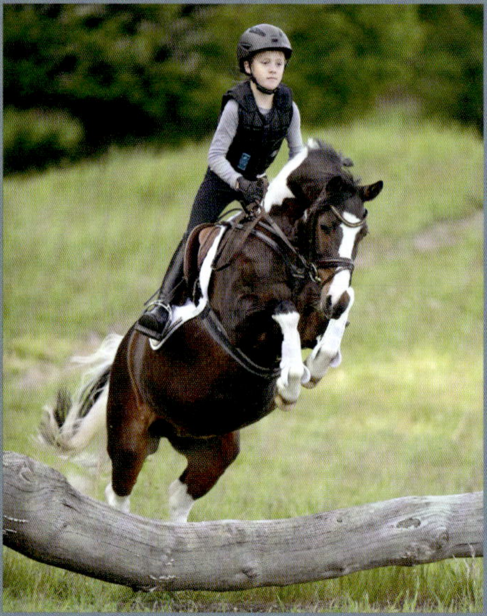

… und ein mutiger Satz über den fremden Baum.

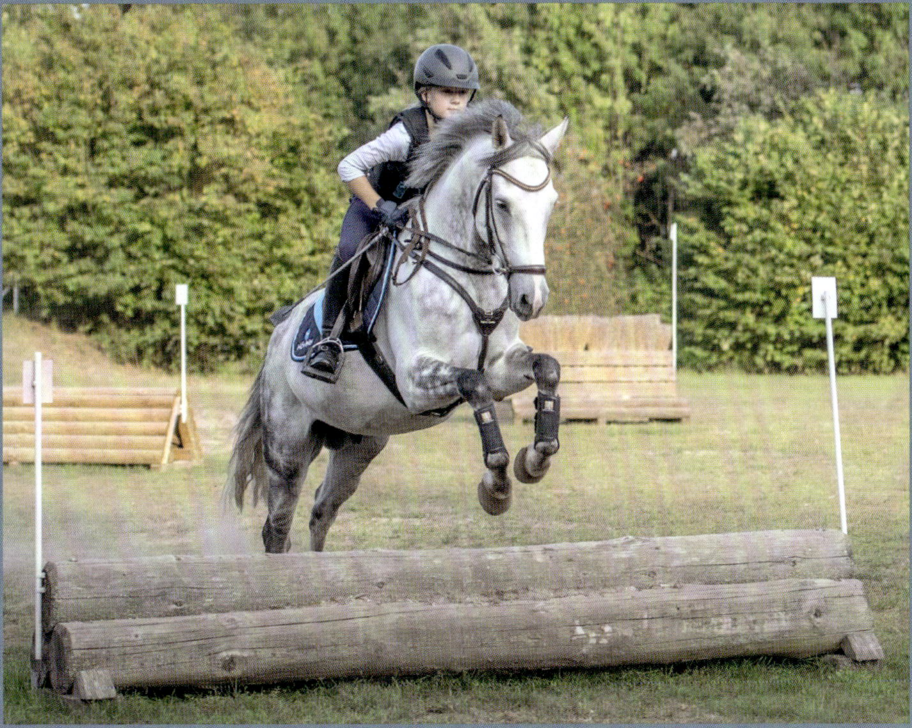

Die ersten kleinen Hindernisse sollten breit genug sein.

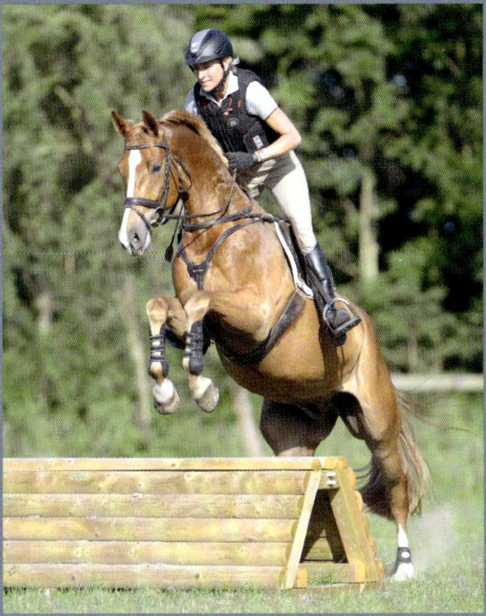

Unterschiedliche Varianten von …

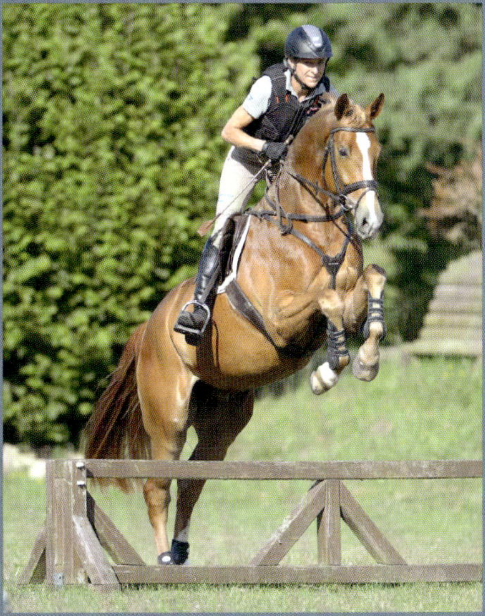

… niedrigen Geländehindernissen

HECKEN IN UNTERSCHIEDLICHER AUSFÜHRUNG

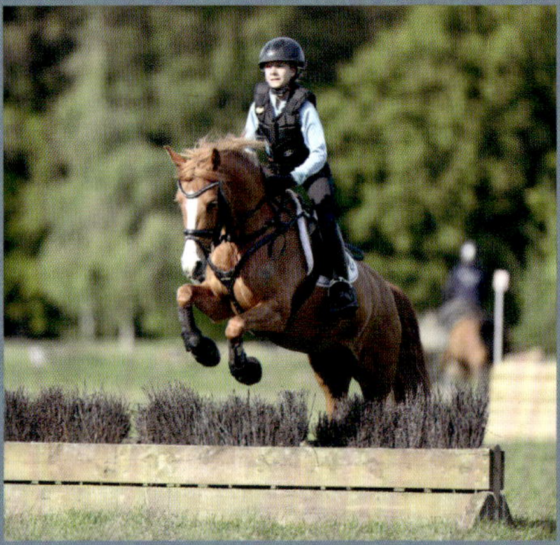

Niedrige, breite Hecken …

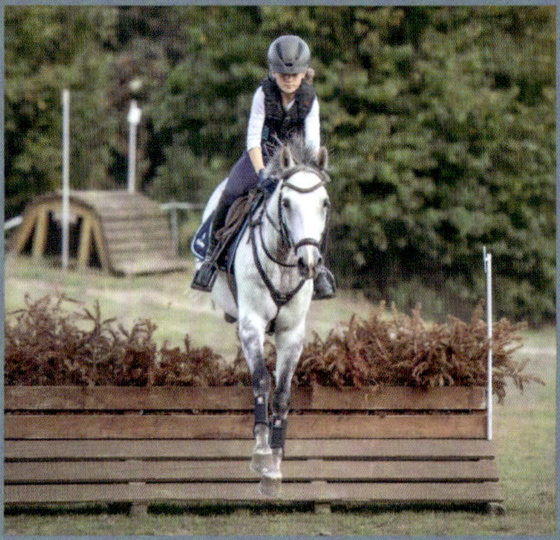

… sind ideal für Einsteiger.

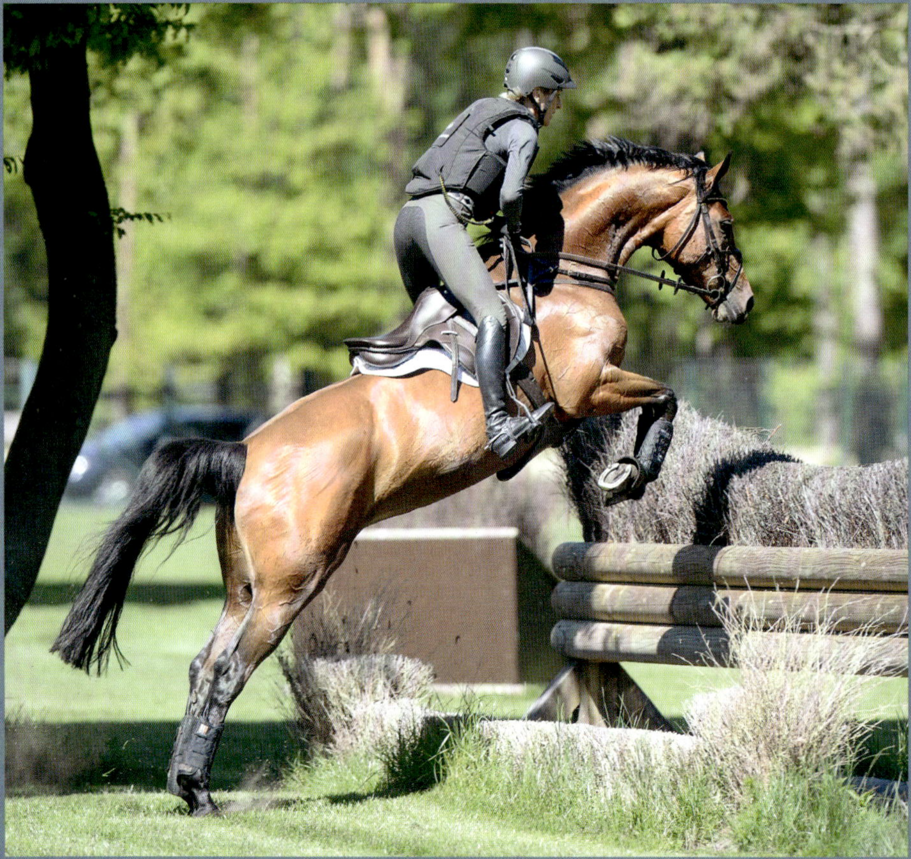

Für Fortgeschrittene: Diese Hecke ist über einem Graben.

TURNIERHINDERNISSE FÜR FORTGESCHRITTENE

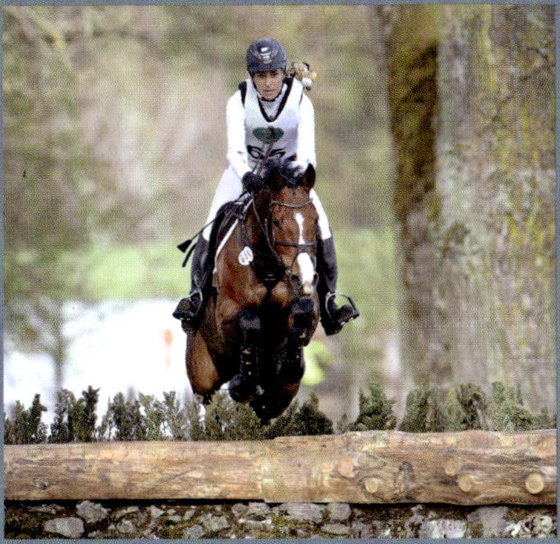

Cascamara mit guter Vorderbeintechnik

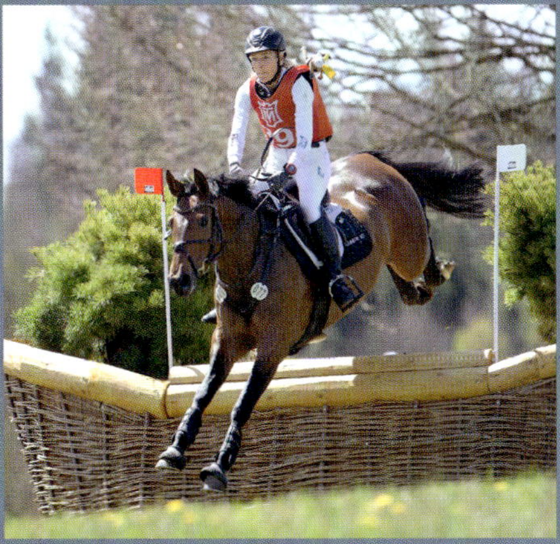

Siena mit gespitzten Ohren: Nur Fliegen ist schöner

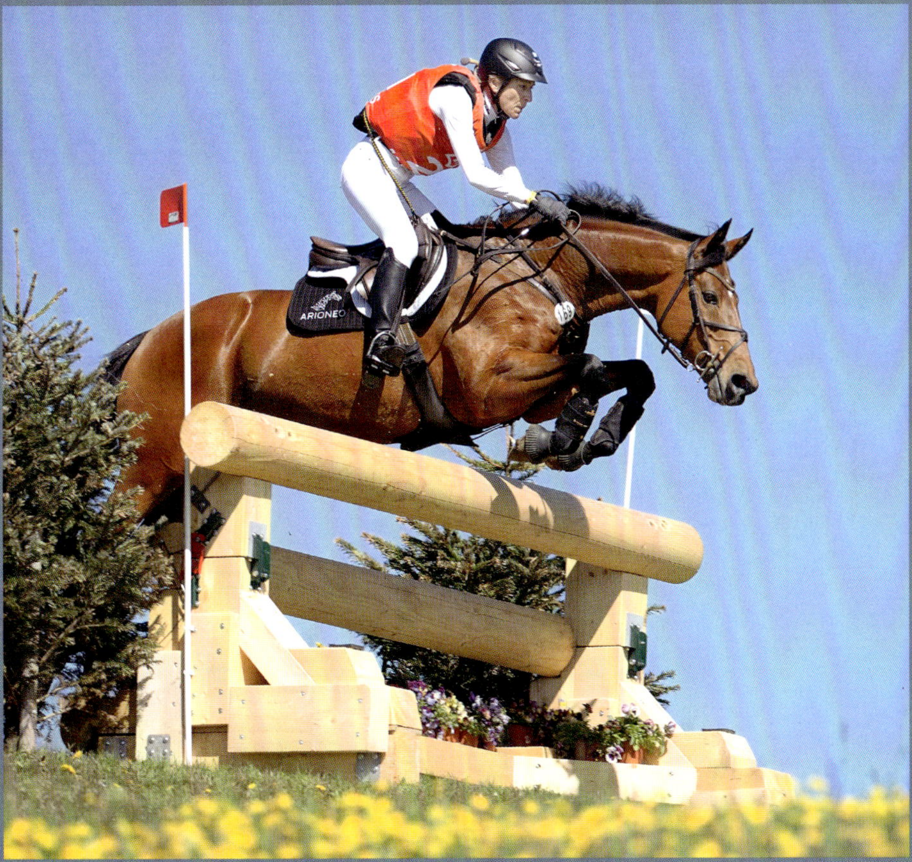

Professor Bobby in souveräner Manier über dem Oxer mit MIM-System

WASSERAUS- UND -EINSPRÜNGE

Die Wassergewöhnung haben wir ja bereits hinter uns und dein Pferd geht inzwischen selbstverständlich in und durch Wasserstellen. Falls dein Pferd immer noch zögerlich mit Wassser ist, such dir für den Anfang ein unerschrockenes Führpferd, an dem sich dein Pferd orientieren kann. Lass deine Zügel ruhig etwas länger, sodass dein Pferd das Wasser anschauen und beschnuppern kann. Möchte dein Pferd nicht in das Wasser, hilft es auch, wenn die Gruppe an dir vorbei in das Wasser geht. So wird dein Pferd von der Gruppe mitgezogen.

Wie du dein Pferd Schritt für Schritt an Wasser gewöhnst, kannst du im Kapitel „Gewöhnung an Wasser" auf S. 38 f. nachlesen. Wenn du bei jedem Ausritt durch Wasser reitest, verliert dein Pferd schnell die Scheu vor dem kühlen Nass. Ist das Wasser im Schritt, Trab und Galopp kein Problem für dein Pferd, kannst du den Wasserein- und -ausritt um ein spannendes Erlebnis, das Springen ins Wasser und heraus, ergänzen. Grundsätzlich sollte man immer erst ins Wasser reiten und mit einem Sprung aus dem Wasser heraus beginnen. Danach fällt es den Pferden leichter, ins Wasser hineinzuspringen.

Pferde, die immer noch zögerlich sind und nicht selbstverständlich durchs Wasser galoppieren, brauchen auch für den Sprung ins Wasser wieder ein Führpferd. Dabei ist auf genügend Abstand zwischen den beiden Pferden zu achten. Man weiß nie, wie die Pferde beim ersten Sprung ins Wasser reagieren. Manche machen Riesensätze und springen

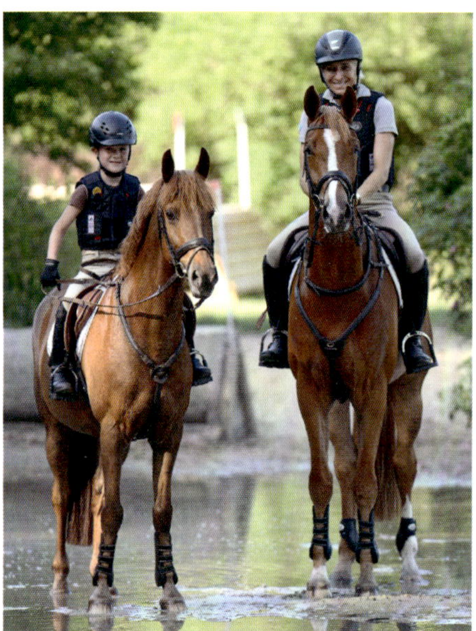

In Begleitung fällt der Schritt ins Wasser leichter.

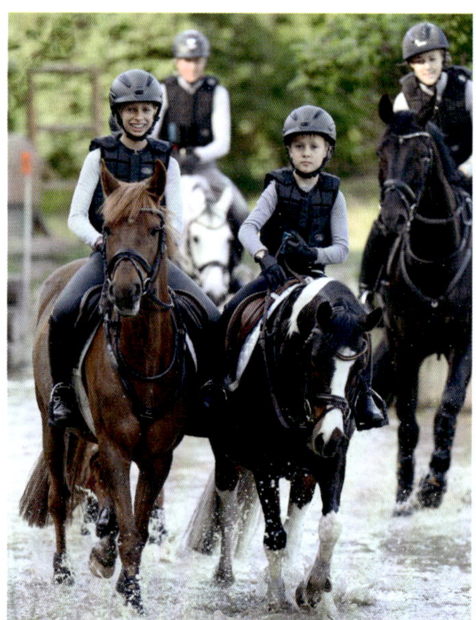

Die Gruppe gibt den Pferden Sicherheit.

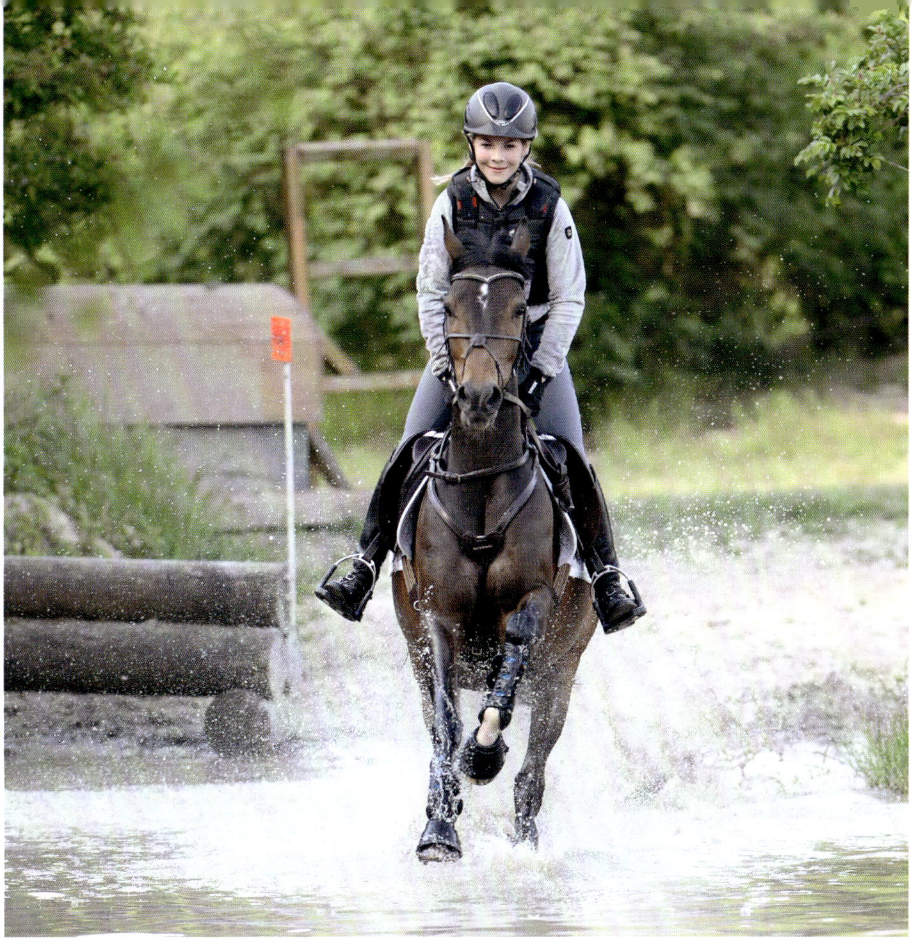

Bevor ich ins Wasser hineinspringe, trabe und galoppiere ich mit meinem Pferd durchs Wasser.

weit hinein. Da erfahrene Pferde eher rationell springen, kann es für das Führpferd gefährlich werden, wenn keine zwei bis drei Pferdelängen Abstand eingehalten werden. Gehört dein Pferd zu den mutigen Typen, kannst du nach einer längeren Wassergewöhnungsphase den ersten Versuch ruhig auch ohne Führpferd machen.

VORBEREITUNG

Wie bereite ich mich vor? Nach dem Lösen und Springen bekannter Hindernisse reite ich aus ruhigem Tempo einige Stufen bergab. Durch das Reiten von Absprüngen stellt sich das Pferd auf das Herunterspringen ein. Ich übe die richtige Sitzposition, indem ich den Zügel genügend durchrutschen lasse und mit meinem Oberkörper aufgerichtet bleibe. Der Druck in den Absatz nach vorwärts-abwärts und der Sicherheitssitz bilden die Grundlage für sicheres Landen.

Die Fußspitze sollte immer vor dem Knie sein. Außerdem trabe und galoppiere ich einige Male von beiden Seiten durchs spritzende Wasser.

WICHTIG

Sowohl bei jungen als auch bei erfahrenen Pferden gilt: Bevor ich mit meinem Pferd in das Wasser hineinspringe, trabe und galoppiere ich vorher durch das Wasser, damit das Pferd sich daran gewöhnen kann. Dann beginne ich mit einem Wasseraussprung.

WIE GEHE ICH VOR?

1. Beginne mit einem Sprung aus dem Wasser heraus, um das Pferd an das Wasser und die Bodenverhältnisse im Wasser zu gewöhnen. Wenn du die Möglichkeit hast, wäre es optimal, einen niedrigen Baumstamm zum Wasseraussprung zu wählen.
2. Galoppiert das Pferd flüssig durchs Wasser und springt sicher über den Baumstamm aus dem Wasser heraus, kann man auch über einen Baumstamm direkt ins Wasser springen.
3. Der erste Absprung sollte nicht zu tief hinunter ins Wasser gehen. Es genügt eine niedrige Stufe, die zuerst aus dem Trab angeritten wird.
4. Ein kleiner Baumstamm liegt direkt auf der Stufe, sodass das Pferd über den Baumstamm hinunter ins Wasser springt.

Dieses schrittweise Vorgehen ist wichtig, um dich und dein Pferd nicht zu überfordern. Du musst nicht alle Schritte in einer Trainingsstunde erreichen. Bewältigt dein Pferd zwei bis drei Mal jeden neuen Schritt und springt vertrauensvoll, bist du auf der sicheren Seite. Es gibt aber auch Pferde, die länger brauchen, um sich auf eine neue Aufgabe einzustellen. Dann ist es ratsam, nur bis zum zweiten Schritt zu gehen und sich weitere Steigerungen für einen späteren Zeitpunkt aufzuheben.
Grundsätzlich sollte man nur aus einem ruhigen Tempo ins Wasser springen, weil das Wasser den Schwung des Pferdes erheblich bremst. Anfangs ist es sicherer, aus dem Trab anzureiten. Um mit dem Pferd in der Balance zu sein, musst du im Oberkörper deutlich aufgerichtet bleiben. Die Zügel können nicht lang genug durchrutschen, um dem Pferdehals völlige Freiheit zum Ausbalancieren zu geben (ähnlich wie bei den Absprüngen).

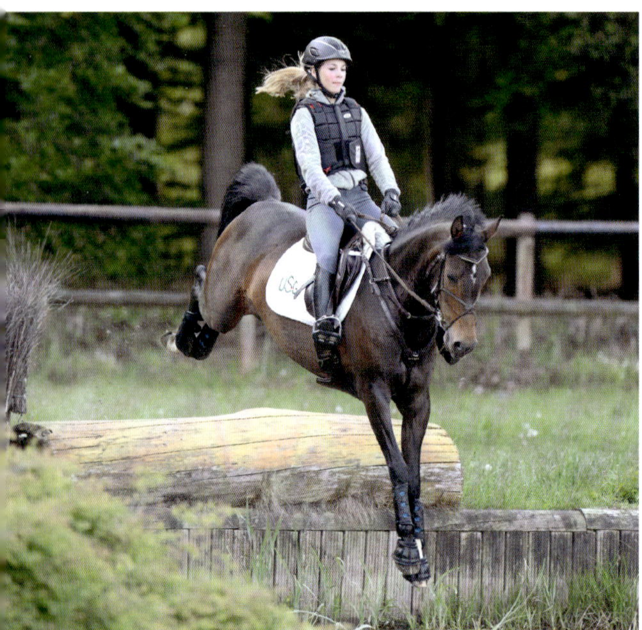

Wichtig beim Einsprung: Die Zügel rechtzeitig durchrutschen lassen, um das Zügelmaß deutlich zu verlängern!

WAS KANN PASSIEREN?

Das Pferd traut sich nicht und bleibt stehen. Dann musst du erneut dem Führpferd folgen und energisch vorwärtsreiten. Wenn dein Pferd unsicher ist und keinen Mut fassen kann, gehe lieber beim Üben einen Schritt zurück und fange von vorne an. Manchmal ist es ratsam, einige Male ohne Sprung durchs Wasser zu galoppieren. Erst wenn dies ohne Zögern klappt, springst du wieder aus dem Wasser heraus.
Steht das unerfahrene Pferd vor einem Baumstamm und will nicht darüber in die Tiefe springen, reitet man erneut an. Niedrige Hindernisse sollten so lange angeritten werden, bis ein unverkrampftes Abspringen gewonnene Sicherheit zeigt. Solltet ihr einmal ins Straucheln geraten, müsst ihr auf jeden Fall noch einmal ins Wasser, damit kein Schreck zurückbleibt.

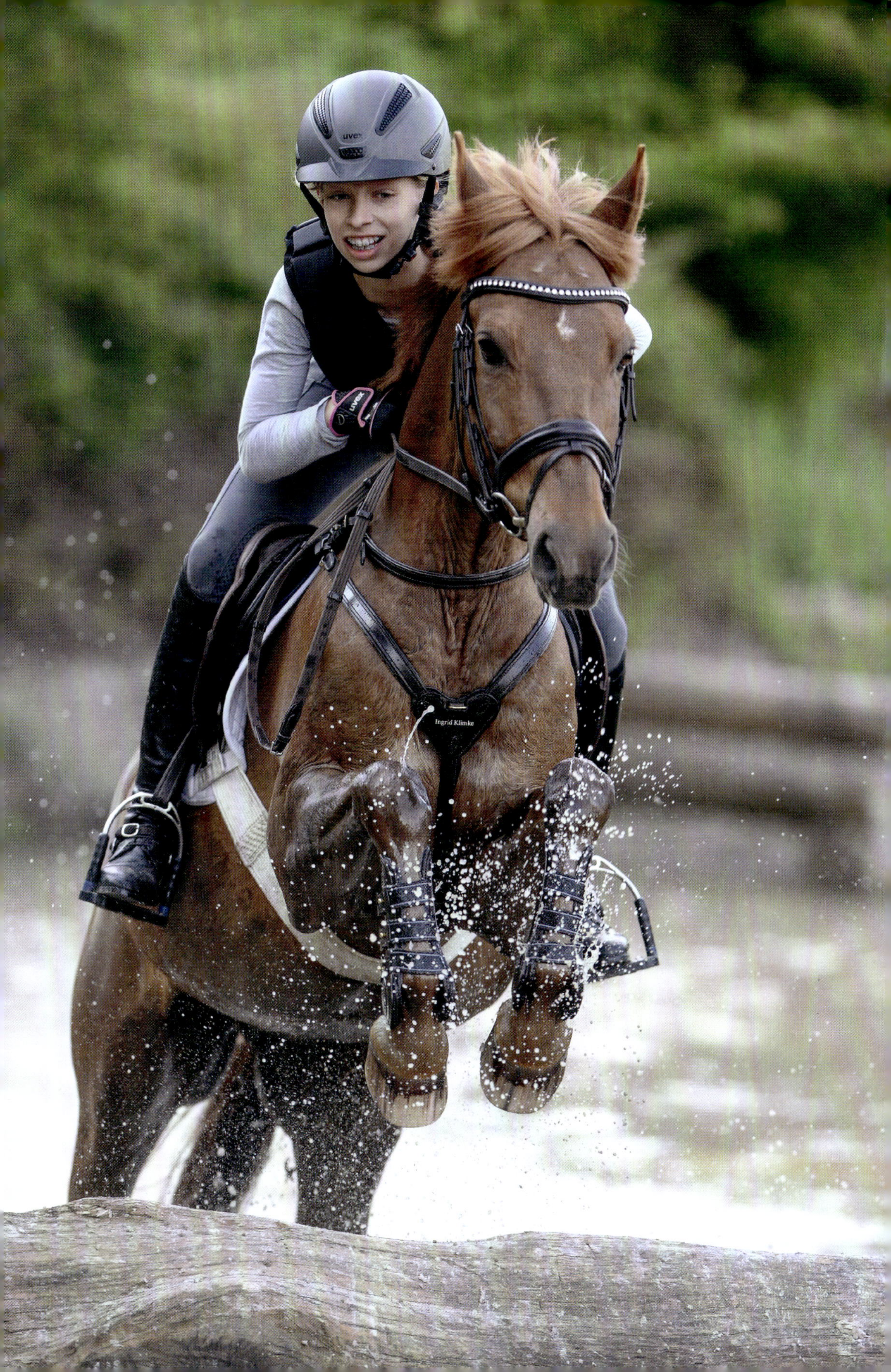
uvex
Ingrid Klimke

DER SPRUNG INS KALTE WASSER

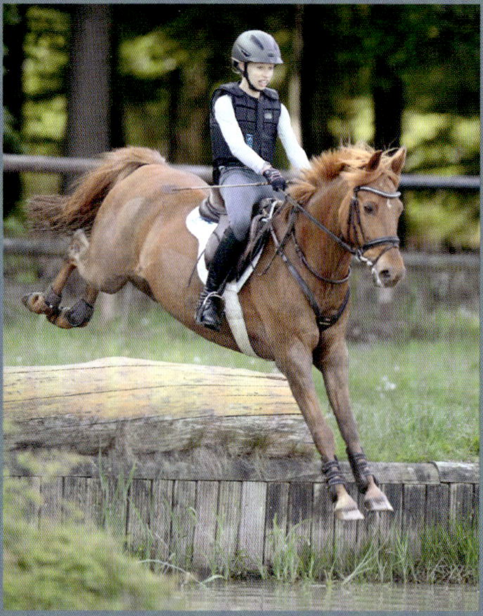

Schaue durch die Pferdeohren nach vorne …

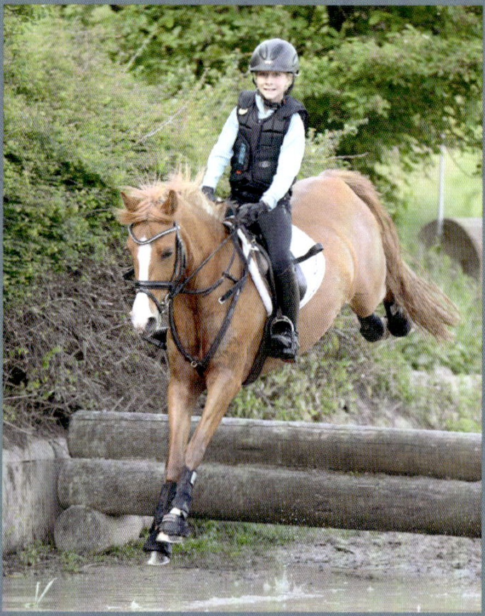

… oder zum nächsten Hindernis.

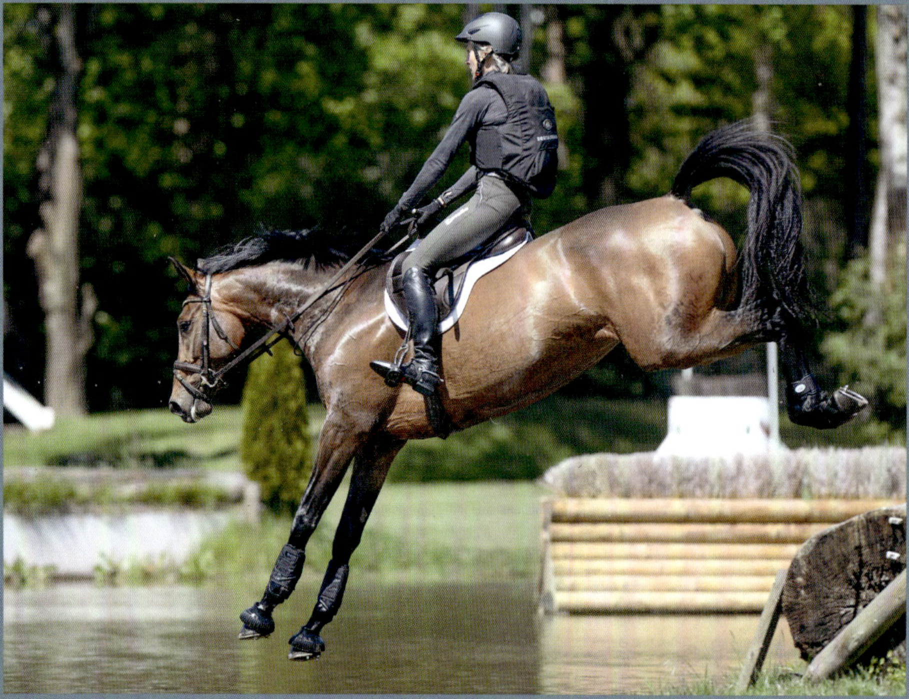

Lasse beim Reinspringen ins Wasser die Zügel genügend durchrutschen, damit sich der Pferdehals ausreichend verlängern kann.

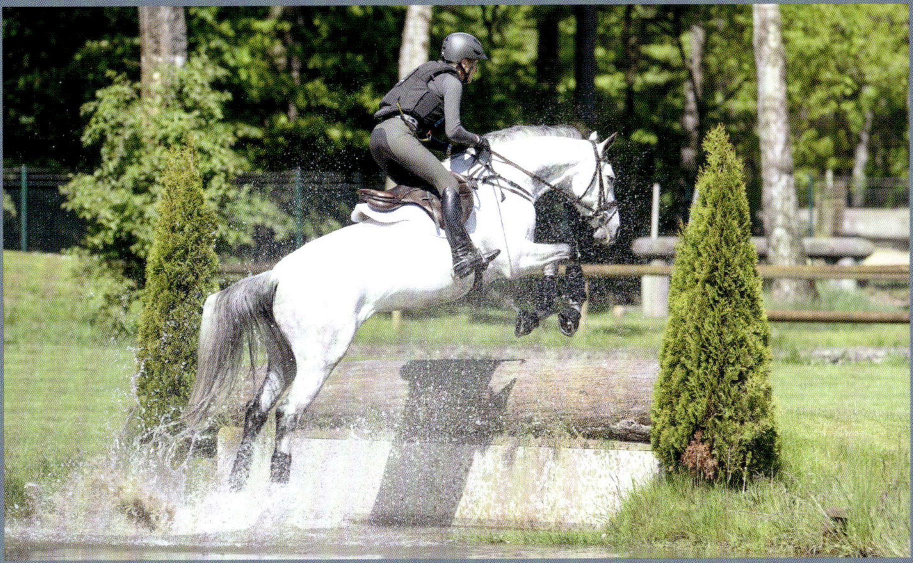

Auch beim Herausspringen muss der Zügel lang genug sein.

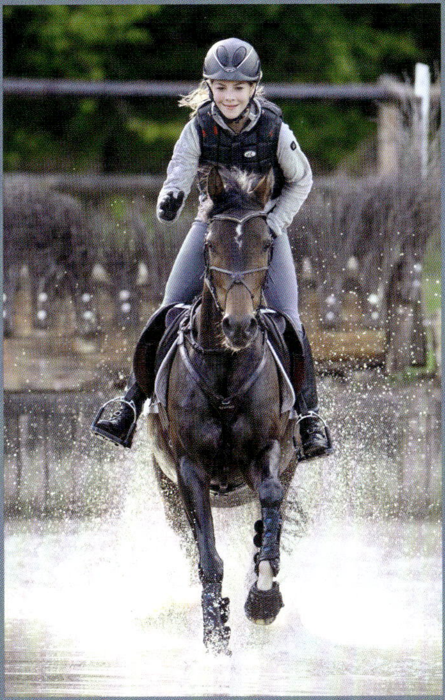

Lob motiviert, gibt Vertrauen …

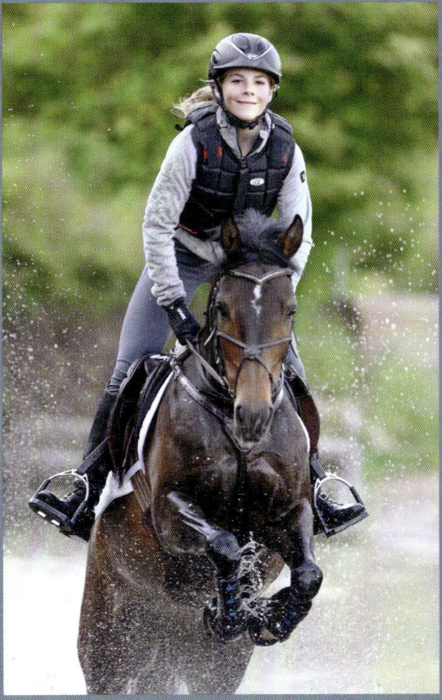

… und bringt Reiterin und Pferd zum Strahlen.

KONDITIONS-TRAINING

— *im Gelände*

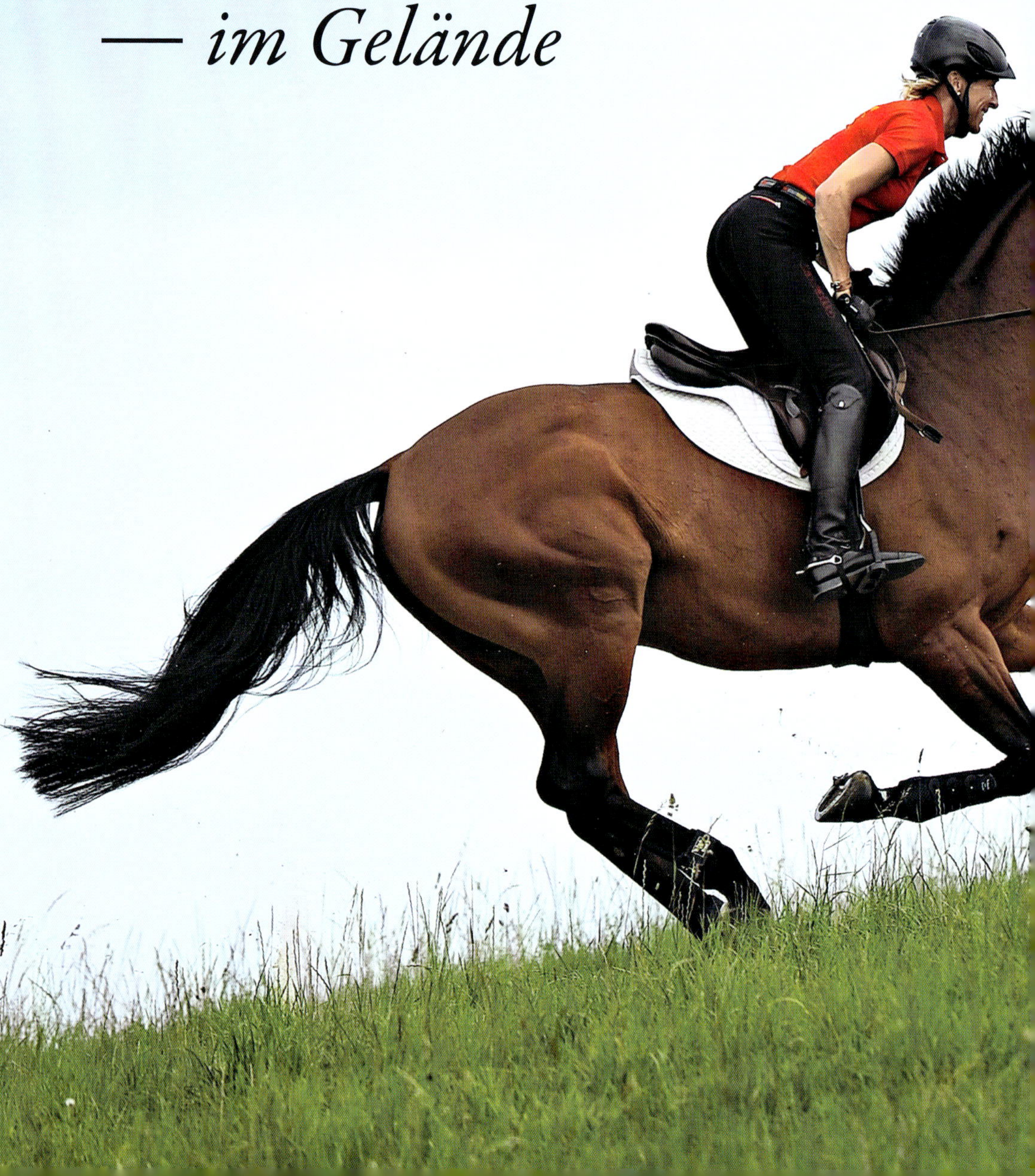

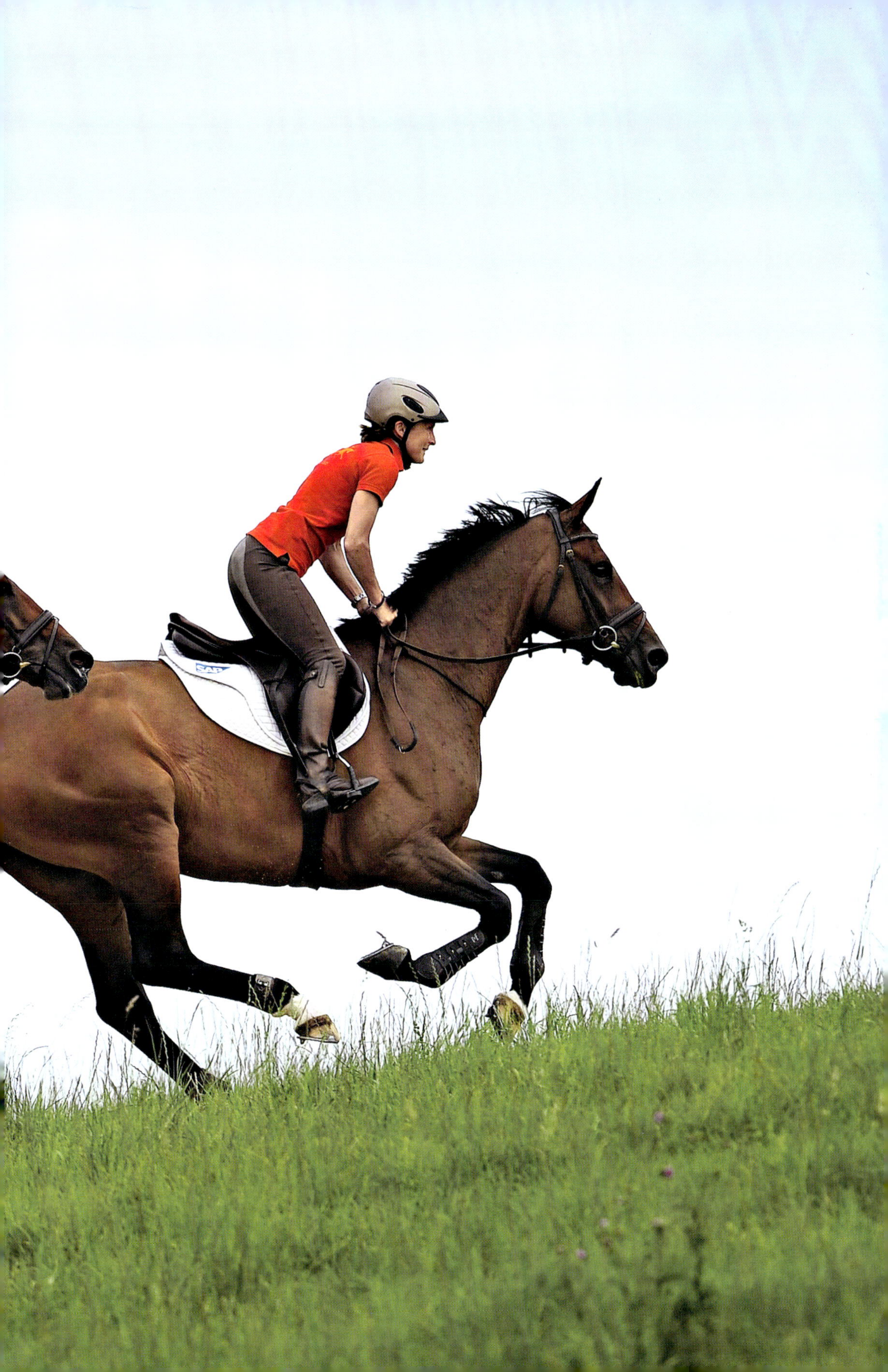

KONDITION, KRAFT, MUSKELAUFBAU

LANGSAM BEGINNEN

Auch während der Wintermonate reiten wir, sooft es das Wetter zulässt, aber mindestens einmal die Woche, aus, um die Grundkondition durch längeres Traben und Galoppieren am Stück aufzubauen. Selbst ausgiebiges Schrittreiten zwischendurch oder das Reiten über kleine Hügel und Bodenwellen ist förderlich für die Kondition und kann ohne großen Aufwand in das Training integriert werden. Jede noch so kleine Bodenwelle schult den Gleichgewichtssinn und schafft neue Bewegungserfahrungen. Deshalb baue ich Steigungen und Gefälle regelmäßig in mein Training ein, sei es auf der Wellenbahn beim Reiten auf dem Geländetrainingsplatz oder viel lieber beim regelmäßigen Training am Berg.

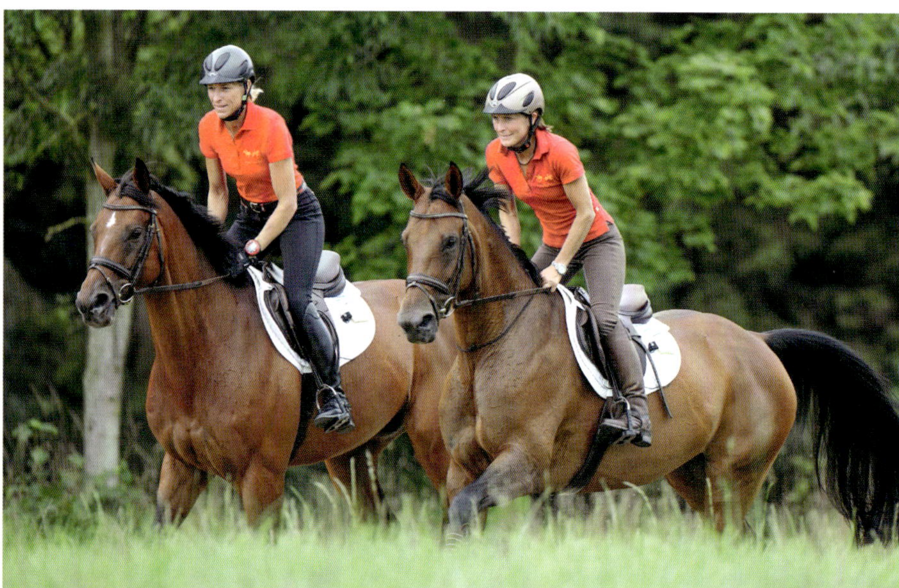

Harmonisches, ruhiges Bergauf-Galoppieren

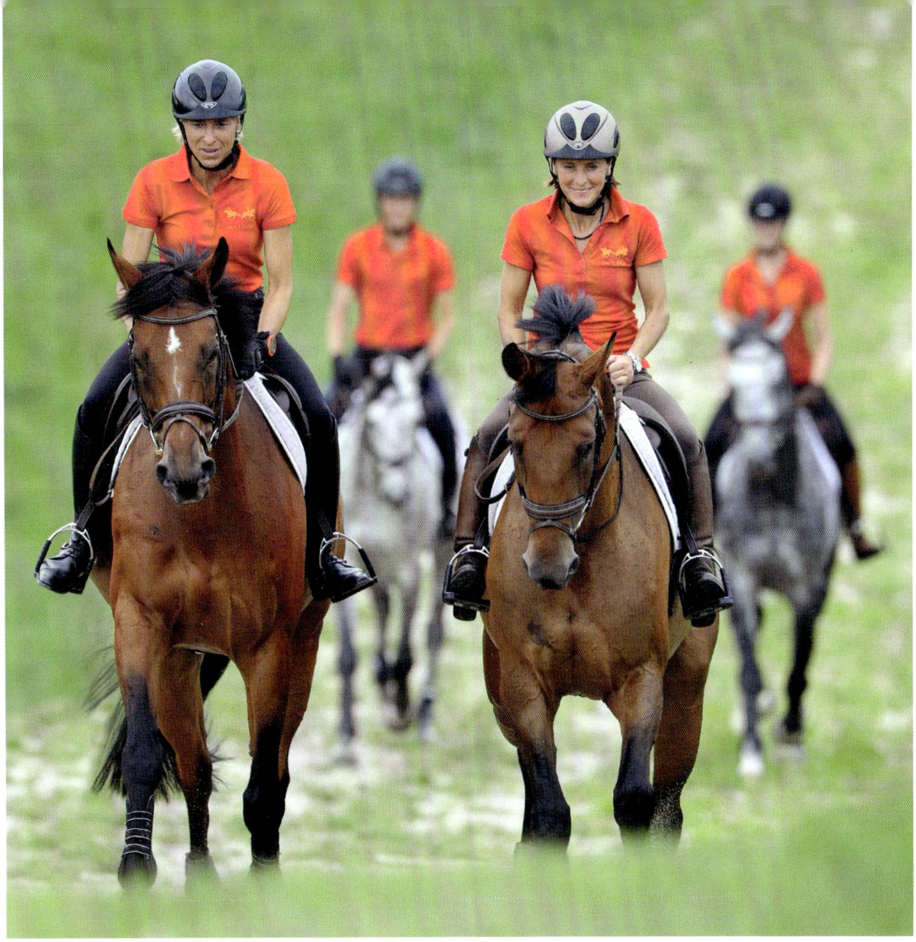

Kontrolliertes Traben in der Gruppe

BERGAUF- UND BERGABREITEN

Das Bergauf- und Bergabreiten fördert die Kraftentwicklung und verbessert das Balancegefühl, die Geschmeidigkeit und Geschicklichkeit des Pferdes. Wenn wir mit einem jungen, unerfahrenen Pferd gegen eine Steigung reiten, wird es zunächst sein Tempo verstärken, gewissermaßen um Schwung zu holen, und beim Erreichen der Höhe langsamer werden, weil es den Schwung verliert. Beim Bergabreiten haben die meisten Pferde die Tendenz, schneller zu werden. In diesem Fall muss der Reiter rechtzeitig parieren. Wir wollen erreichen, dass das Pferd sowohl beim Bergauf- als auch beim Bergabreiten in einem gleichmäßigen Tempo bleibt.

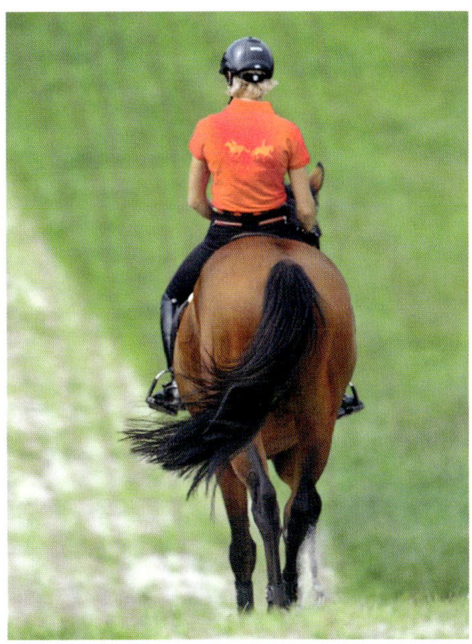

Bergabreiten im Schritt

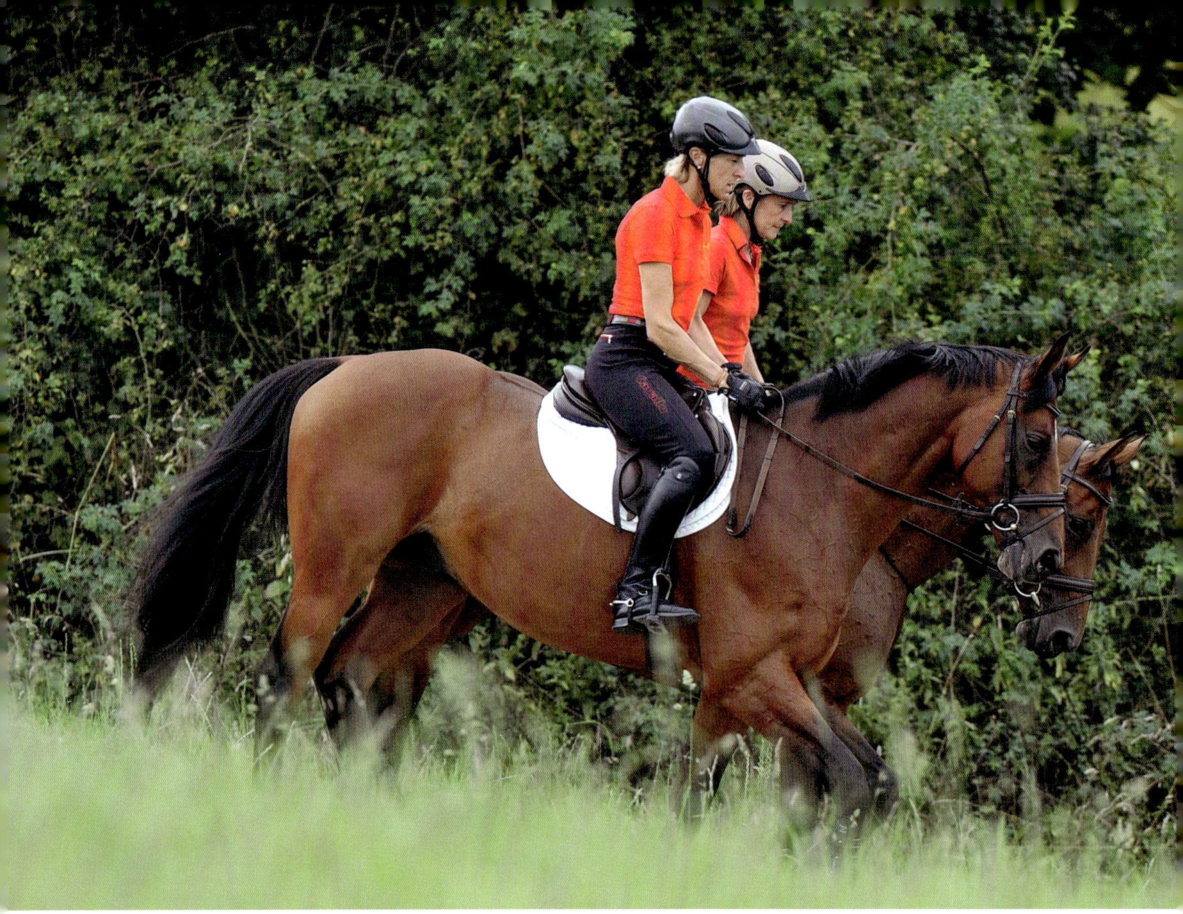

Das Bergauf- und Bergabreiten kräftigt die gesamte Muskulatur, fördert die Kondition und ist gut für die Balance und Trittsicherheit der Pferde.

Die reiterliche Unterstützung durch den richtigen Sitz ist hierbei besonders wichtig. Bergauf neigt der Reiter den Oberkörper nach vorn, um die zu vermehrter Schubkraftentwicklung gezwungene Hinterhand zu entlasten. Bergab reitet man grundsätzlich gerade in direkter Linie und nicht schräg zum Berg. Wenn es besonders steil ist, reitet man in der langsamsten Bewegungsart, dem Schritt, ansonsten ist auch ruhiger Trab möglich. Für den Sitz gilt: nicht zu viel mitgehen mit der Bewegung des Pferdes, den Oberkörper nicht übertrieben vorneigen, um nicht zu viel Gewicht auf die Vorhand zu verlagern.

Achte darauf, dein Pferd kräftemäßig nicht zu überfordern. Die Gefahr ist im Gelände größer, besonders dann, wenn in Begleitung mehrerer Pferde geritten wird. Pferde spornen sich in Gesellschaft gegenseitig an, sie ziehen sich sozusagen gegenseitig mit. Wir spüren dann das Nachlassen der Kräfte nicht so deutlich wie in der Halle oder auf dem Reitplatz. Deshalb ist es immer wichtig, langsam zu beginnen und die Anforderungen nicht zu schnell zu steigern. Horche in dein Pferd hinein und achte auf seine Atmung.

WICHTIG

Lass dein Pferd anfangs in dem von ihm gewählten Tempo gehen und treibe es bergauf nicht an. Man sollte junge Pferde immer sehr langsam und schonend an das Training am Berg heranführen, um sie nicht zu überfordern.

TRAINING AM BERG

Wir starten mit den Vielseitigkeitspferden das Training am Berg, sobald es das Wetter zulässt, spätestens im März. Idealerweise fahren wir alle fünf Tage zum Training an den Berg. Dort beginnen wir mit einer 10- bis 15-minütigen Lösungsphase im Schritt. Das ist schon ein gutes Aufbautraining für die gesamte Muskulatur. Wenn wir bergauf reiten, müssen die Pferde sehr energisch mit den Hinterbeinen abfußen und die gesamte Rückenmuskulatur gebrauchen. Anfangs ist darauf zu achten, dass ich nicht zu steil bergauf und bergab reite. Das Pferd muss sich erst langsam an die neuen Anforderungen gewöhnen. Bei regelmäßigem Training kann die Steigung allmählich erhöht werden. Im Anschluss an die Lösungsphase im Schritt traben wir in ruhigem Tempo ca. 10 bis 15 Minuten leicht. Auch im Trab geht es bergauf und bergab.
Für alle Pferde ist das Training am Berg zu Beginn der Saison oft spannend, denn es gibt viele neue Eindrücke zu verarbeiten.

HÜGELIGES GELÄNDE

Das Reiten in hügeligem Gelände ist die beste Möglichkeit, um besonders die Rücken- und Hinterhandmuskulatur des Pferdes zu kräftigen. Je nach Ausbildungsstand kann im Schritt, Trab oder auch Galopp geritten werden.

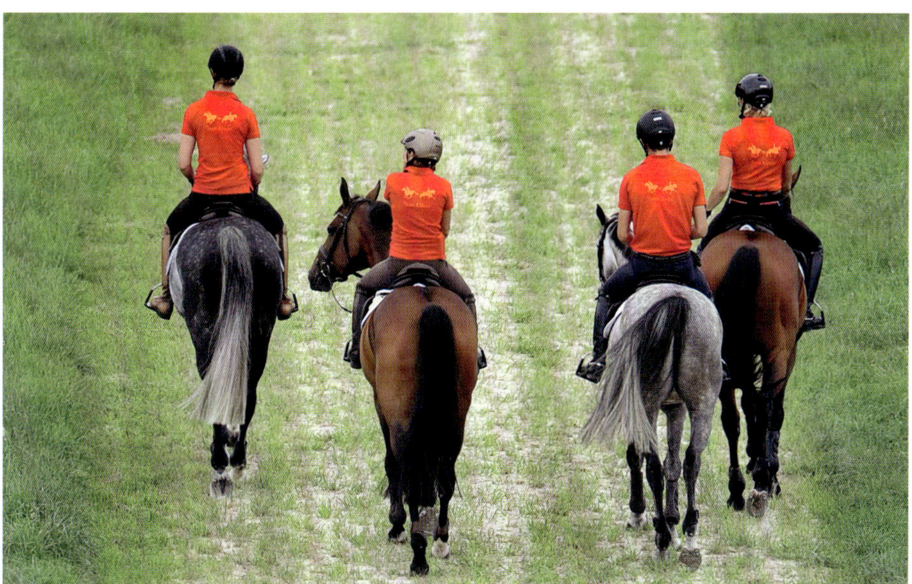

Lösungsphase mit hingegebenem Zügel im Schritt

Der Reiter sitzt bergauf etwas nach vorne geneigt und trägt sein Gewicht mit tiefem Absatz im Bügel. Die Hand bleibt tief, die Zügel lang genug, dass das Pferd seinen Hals als Balancierstange nutzen kann. Je steiler der Hang, desto ausbalancierter muss der Reiter sitzen, sodass das Pferd es leichter hat, das Reitergewicht bergauf zu tragen. Beim Klettern von sehr steilen Hängen kann es helfen, in den Halsriemen zu greifen und sich in den Bügel zu stellen. Beim Bergabreiten nimmt der Reiter den Oberkörper etwas zurück, um sein Gewicht immer mit dem Schwerpunkt des Pferdes im Lot zu haben. Das Abbremsen des eigenen Gewichts ist für die Pferde sehr anstrengend, daher müssen sie gut von den Reiterhilfen eingerahmt werden.

GALOPPTRAINING

Nach der Trabphase galoppieren wir in einem ruhigen Tempo an. Bei jungen Pferden ist der Galopp am Berg zu Beginn oft noch verhalten. Pferde, die diese Übung bereits kennen, beschleunigen meist umso mehr, je steiler der Berg wird. Den jungen Pferden geht hingegen meist schneller die Kraft aus und sie fallen auch schon mal in den Trab. Lass dein Pferd zunächst in dem von ihm gewählten Tempo gehen. Man sollte alle Pferde immer sehr langsam und schonend an das Galopptraining heranführen, um sie nicht zu überfordern. Das ständige Bergauf, Bergab fordert ein Höchstmaß an Konzentration und

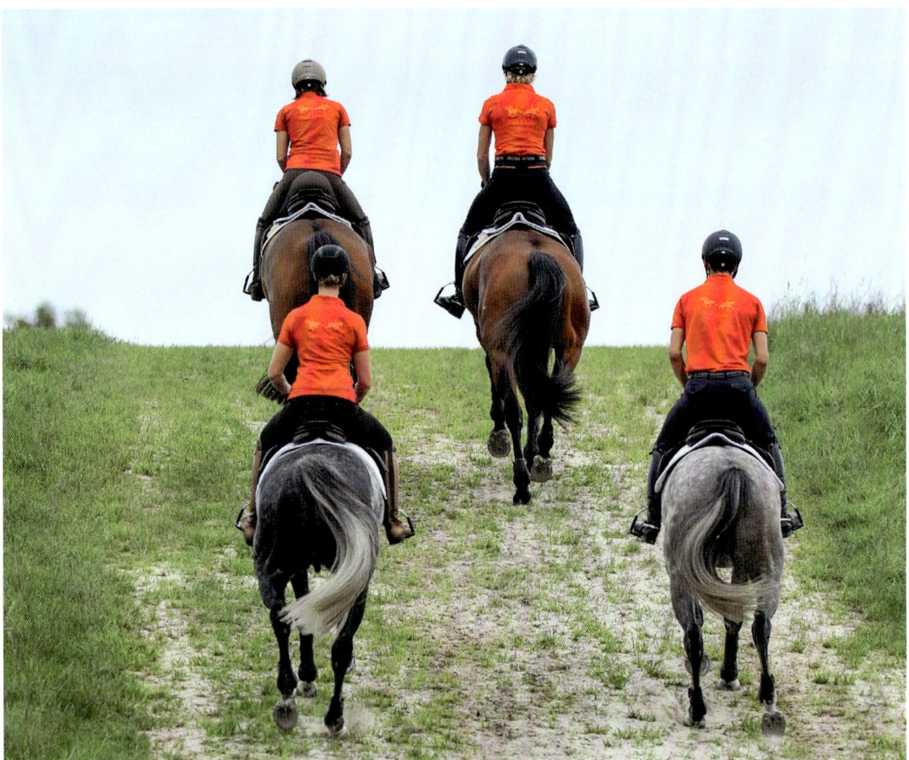

Der Trainingsstand der Pferde spielt bei der Gruppenzusammenstellung eine Rolle.

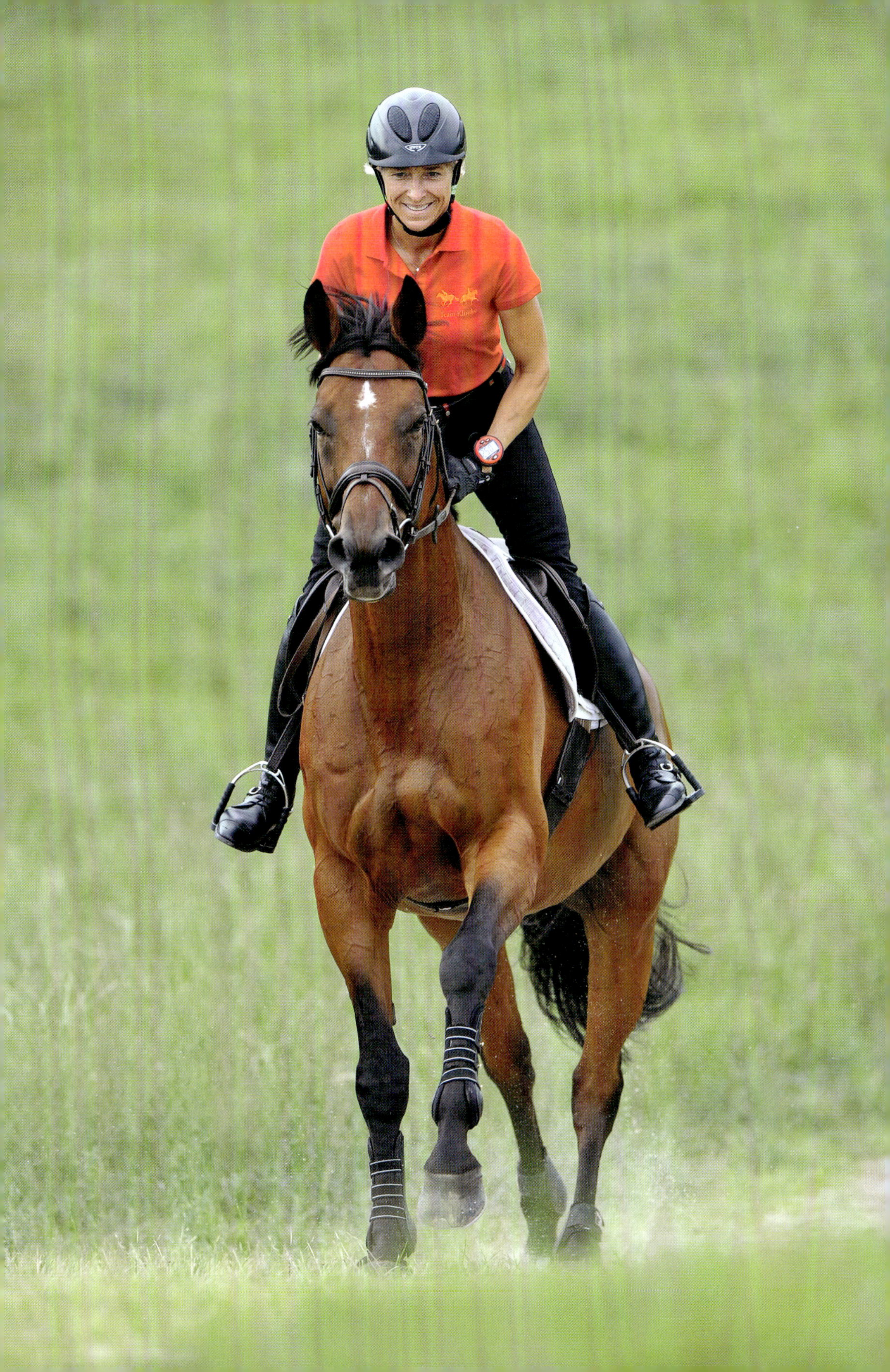

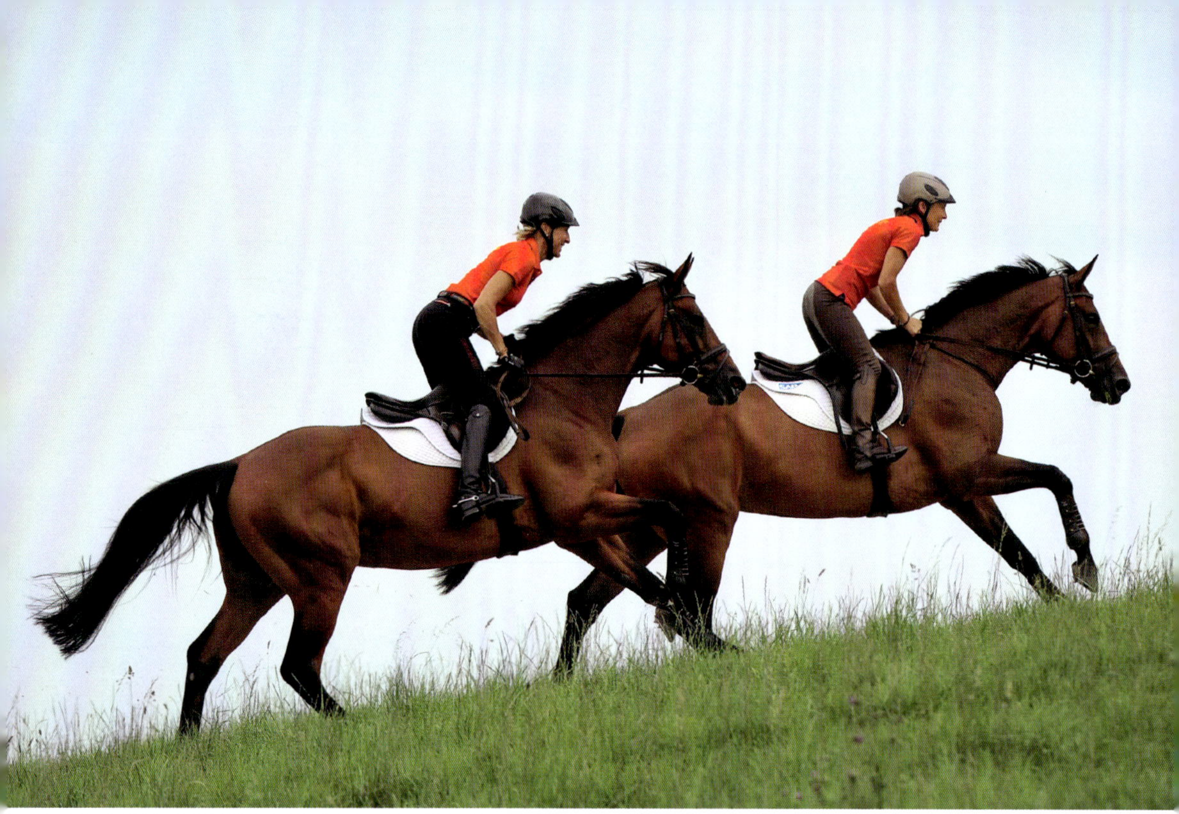

Mit dem Intervalltraining kann ich gezielt Kondition und Leistungsfähigkeit verbessern.

Trittsicherheit. Beim Galoppieren in der Gruppe besteht die Gefahr, dass sich die Pferde gegenseitig anstacheln und aufheizen. Deshalb ist es ratsam, kleinere Gruppen zu bilden. Es galoppieren immer nur die Pferde zusammen, die vom Ausbildungsstand zusammenpassen. Aber nicht nur der Trainingsstand der Pferde muss berücksichtigt werden, auch das Interieur spielt eine Rolle. Der ehrgeizige Bobby mochte zum Beispiel von keinem Pferd überholt werden. Nicht nur, dass er dann immer schneller galoppierte, er bockte auch los. Es gibt auch Pferde, die in der Gruppe hinten galoppieren können. Asha und Siena lassen sich beispielsweise hinten noch gut regulieren.

Je regelmäßiger und häufiger die Pferde am Berg galoppieren, desto mehr Kondition und Kraft bekommen sie. Dann kann es gut sein, dass auch der Ehrgeiz und die Motivation größer werden und die Gruppen neu zusammengesetzt werden müssen.

Beginne dein Galopptraining in aller Ruhe mit einer Galoppstrecke von höchstens zwei Minuten. Wenn dein Pferd noch ausreichend Kraft hat, kannst du nach einer Schrittpause von drei Minuten noch einmal bergauf galoppieren. Danach galoppiere ruhig aus und trabe noch fünf bis 10 Minuten aus, bevor du dann zum Schritt durchparierst. Reite so lange Schritt, bis sich der Puls und die Atmung deines Pferdes vollständig beruhigt haben.

INTERVALLTRAINING

Mit meinen Vielseitigkeitspferden absolviere ich in der Regel alle fünf Tage ein Intervalltraining, um gezielt die Kondition und Leistungsfähigkeit für die Geländeritte zu trainieren. Den Zeitabstand von fünf Tagen finde ich optimal, da innerhalb dieses Zeitrahmens der Organismus Trainingsreize erhalten muss, um sich den steigenden An-

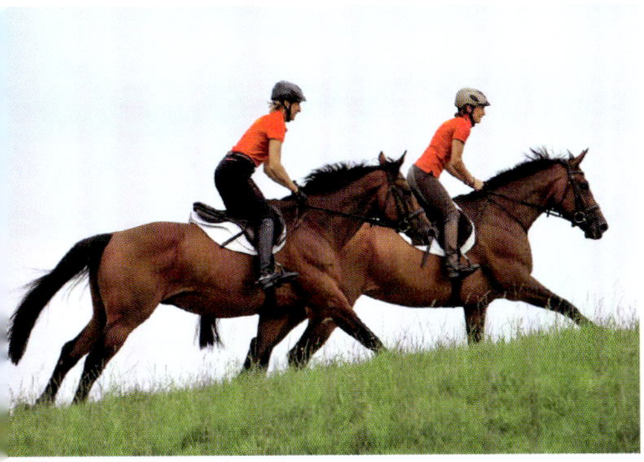

Erste Galoppphase in ruhigem Tempo

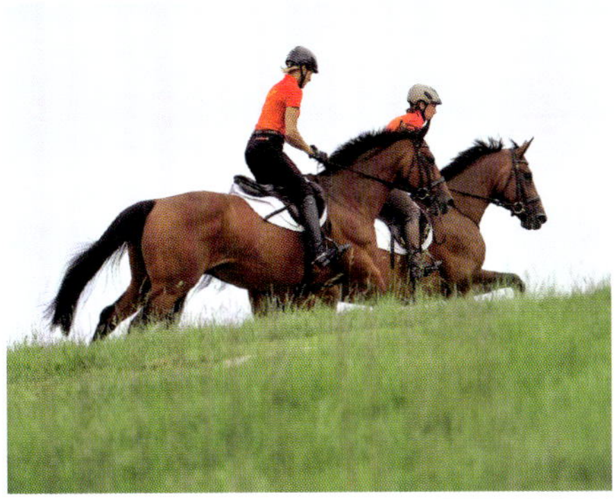

Ausgaloppieren am Ende des Hügels

forderungen anzupassen. Die Erholungsphase ist lang genug, und an den Tagen dazwischen reite ich Dressur, Springen und auch das Cavaletti-Training kommt nicht zu kurz. Der Tag nach dem Galopptraining ist ein Erholungstag. Entweder hat das Pferd frei und geht nur auf die Weide oder es wird zusätzlich locker bewegt oder longiert.

Auch beim Intervalltraining beginnen wir mit 15 Minuten im Schritt, dann 10 bis 15 Minuten leichter Trab. Die erste Galoppphase beginne ich mit ruhigem Tempo und steigere dann langsam. Sprints gehören erst an das Ende des Trainingsplans. „Speed kills" hat Chris Bartle zu mir gesagt. Deshalb reite ich nur kurze, schnelle Phasen, um vor einer langen Prüfung das Training noch zu steigern.

Das Intervalltraining endet mit einem ruhigen Ausgaloppieren, Austraben und ausgiebigem Schrittreiten.

INTERVALLTRAINING

Das Intervalltraining unterteile ich generell in drei Galoppintervalle mit dazwischenliegenden Pausen von drei Minuten Schritt oder Trab. Die Dauer und Distanz der einzelnen Galoppintervalle hängt von der zur Verfügung stehenden Trainingsmöglichkeit ab. Sowohl die Geschwindigkeit als auch die Steigung beeinflussen die Herzfrequenz. Die Anzahl der Wiederholungen und die dazwischenliegende Pause, die Zeit (zwei bis drei Minuten) und das Tempo (Trab oder Schritt) sind ebenso Parameter wie die Bodenverhältnisse. Ausdauer, Kraft, Schnelligkeit bilden die Kondition. Nach der Grundlagenausdauer folgt das Krafttraining und dann erst die Schnelligkeit.

KONDITION AUFBAUEN

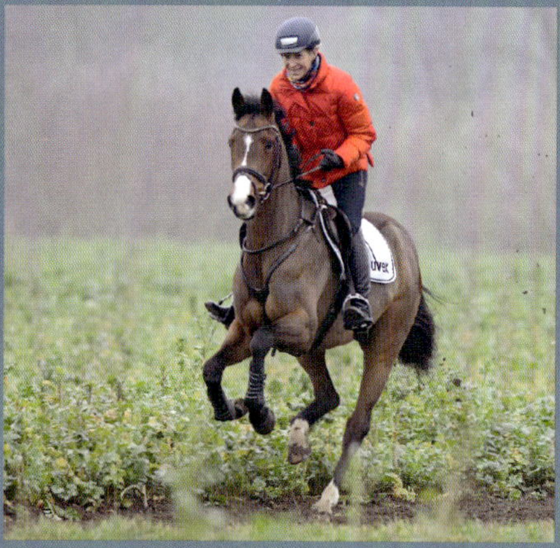

Mit Feuereifer beim Galopptraining

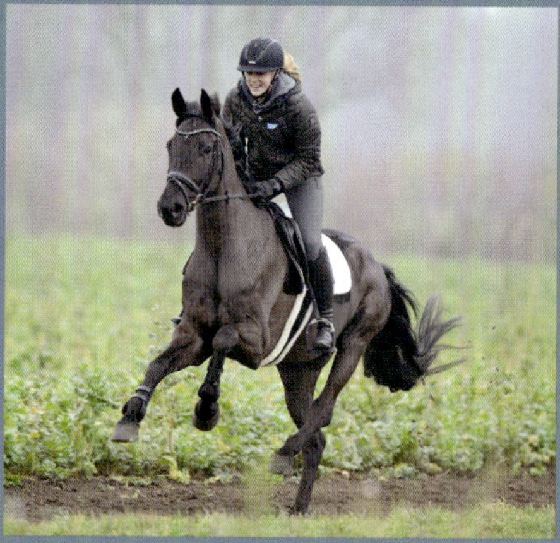

Scrabble hat eine raumgreifende Galoppade.

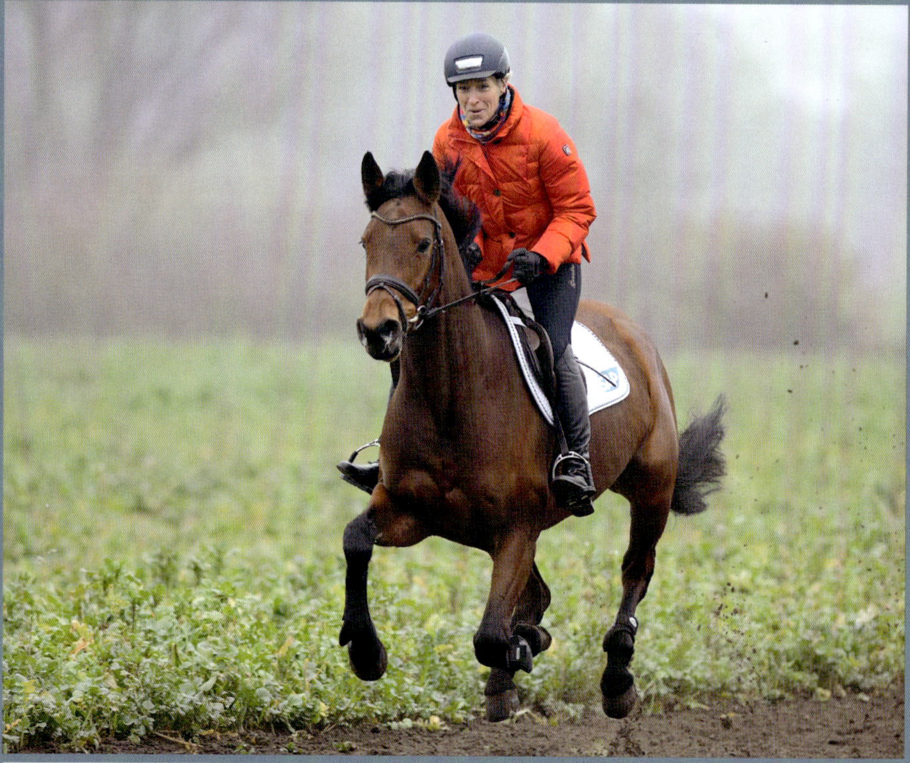

Im Frühjahr lege ich die konditionelle Grundlage für die kommende Saison.

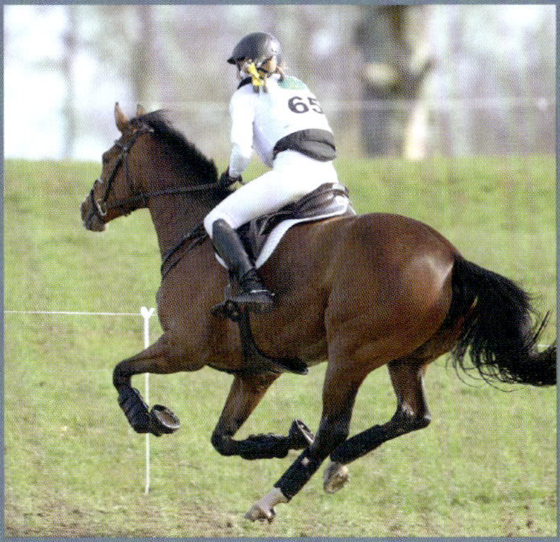

Cascamara in vollem Speed ...

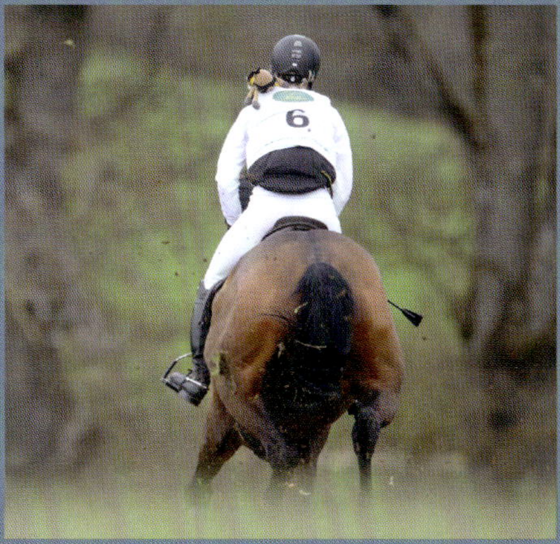

... kraftvoll und dynamisch

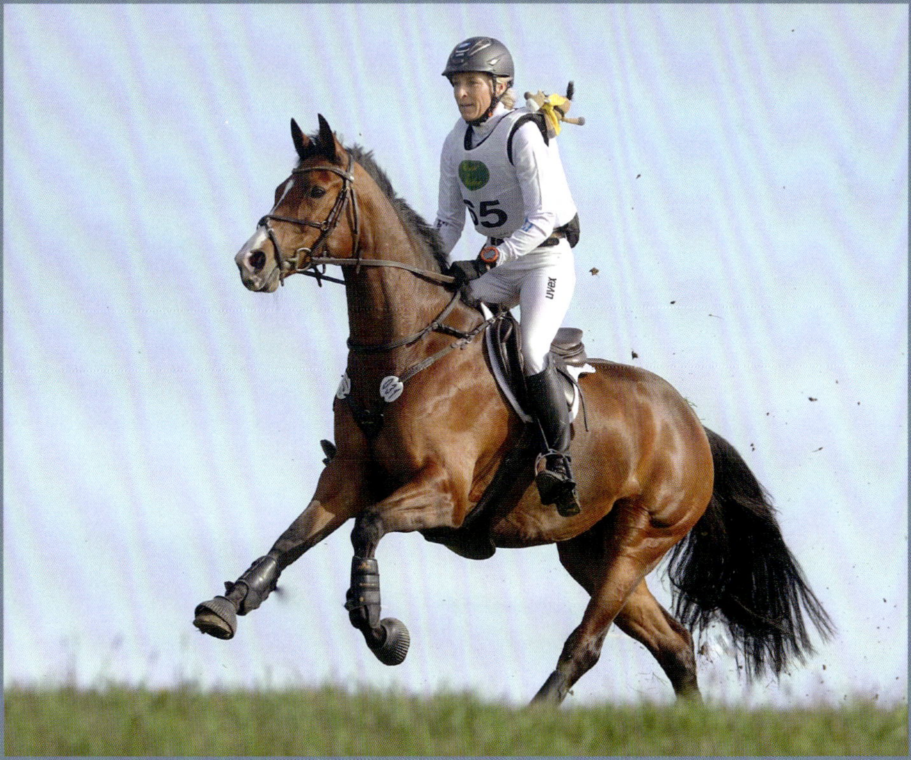

Auch die ersten Vielseitigkeitsprüfungen im Frühjahr dienen dem Konditionsaufbau.

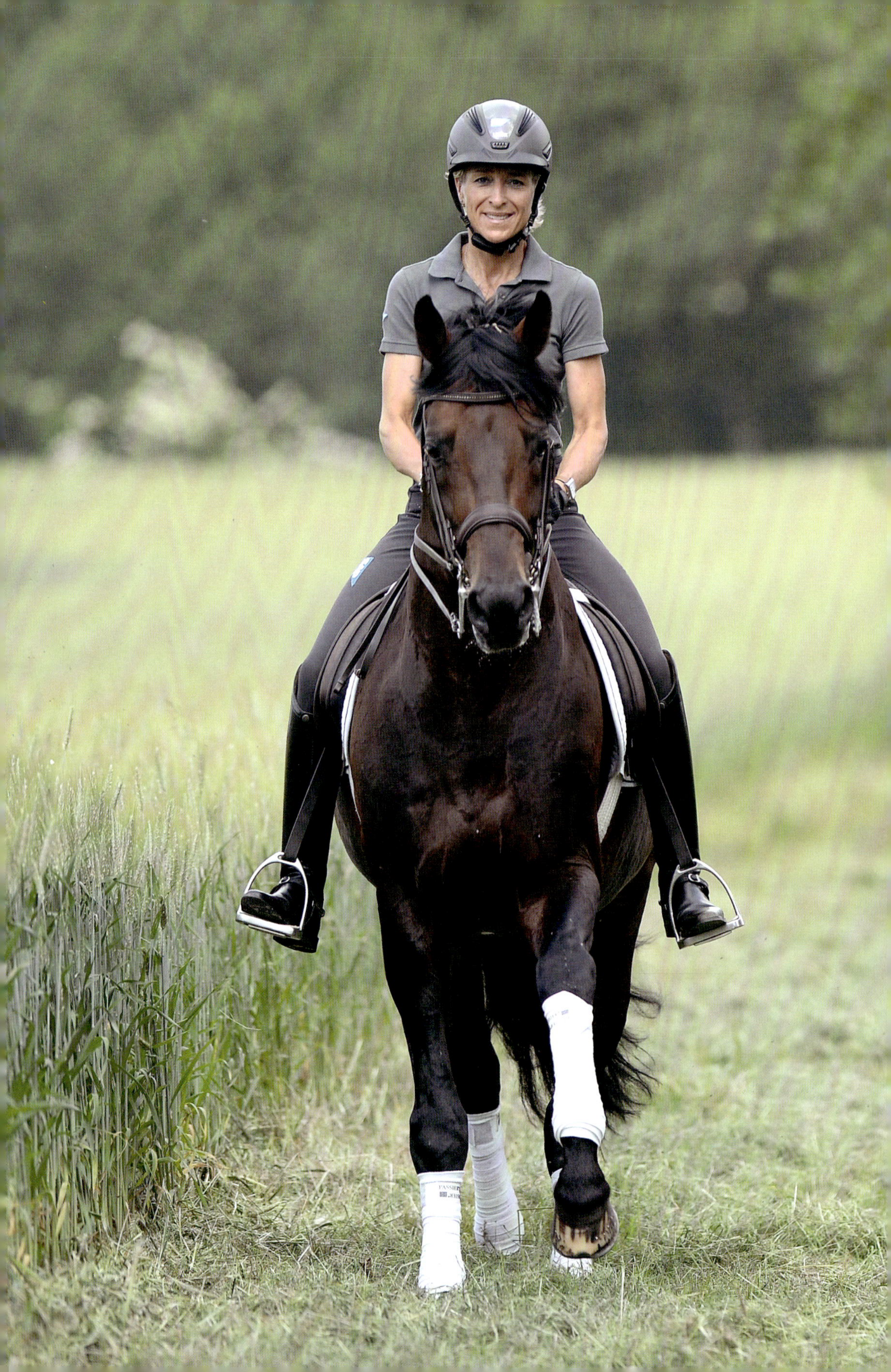

GYMNASTIZIEREN
— *im Gelände*

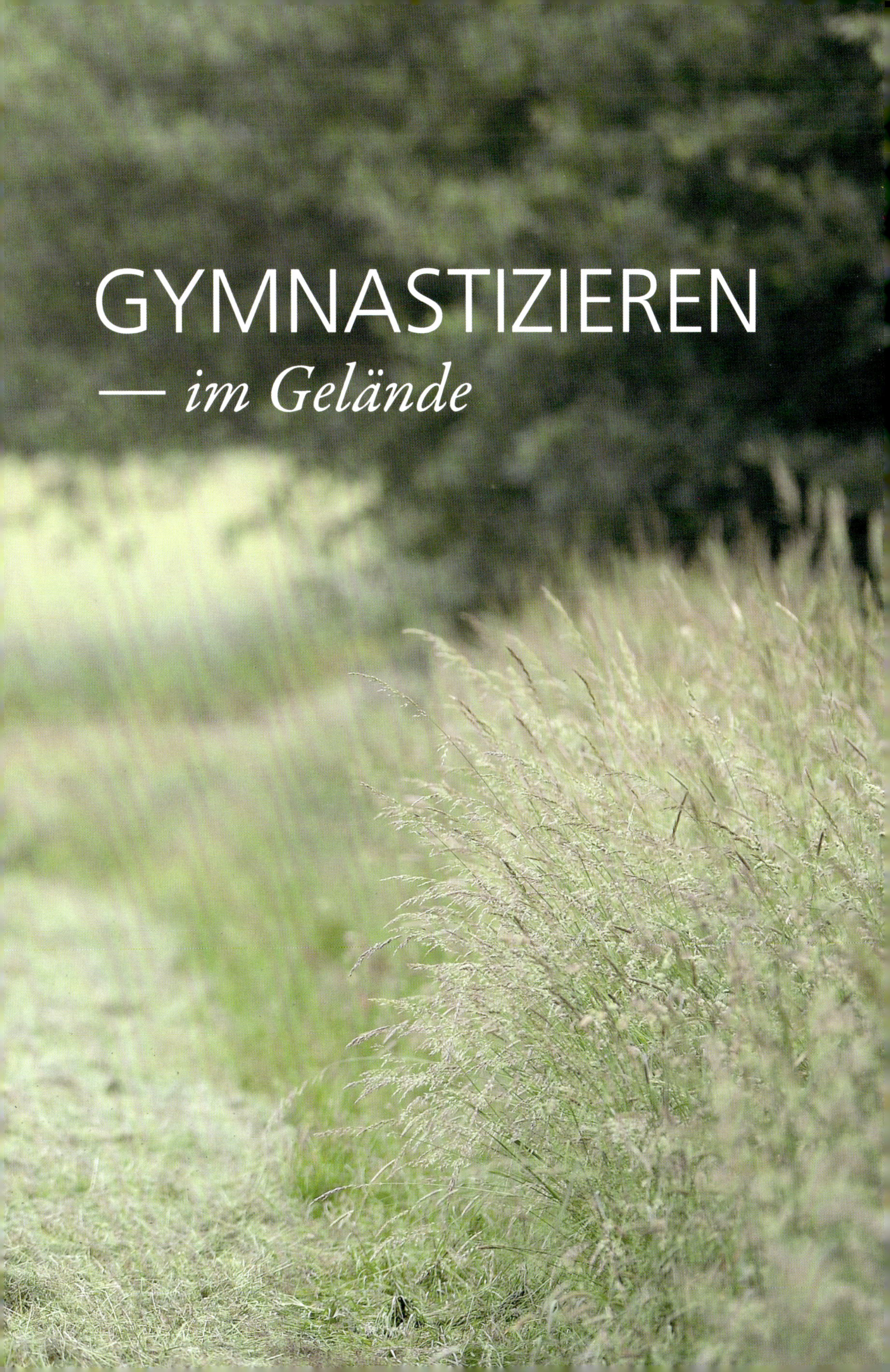

DRESSUR IM GELÄNDE

VORTEILE

Auch meine Dressurpferde reite ich regelmäßig im Gelände. Das ist zum einen Wellness und ein Ausgleich für die Seele, zum anderen fördert es das Pferd auch körperlich auf vielfältige Weise. Ich bin der Meinung, dass jedes Pferd, egal in welcher Disziplin es geritten wird, abwechslungsreich trainiert werden sollte. Hierfür nutze ich auch das Reiten im Gelände.

Auf den folgenden Seiten findet ihr Ideen, wie ihr die Energie und den frischen Wind aus dem Gelände nutzen könnt, und Übungen, die eurem Dressurpferd Motivation, Kraft und Ausdruck fürs Viereck bescheren und zudem seine Gelassenheit und Nervenstärke fördern.
Durch das Reiten auf unterschiedlichen Böden – Sand, Gras, trocken, matschig – wird dein Pferd ausbalancierter, geschickter und trittsicherer. Kommen dann noch

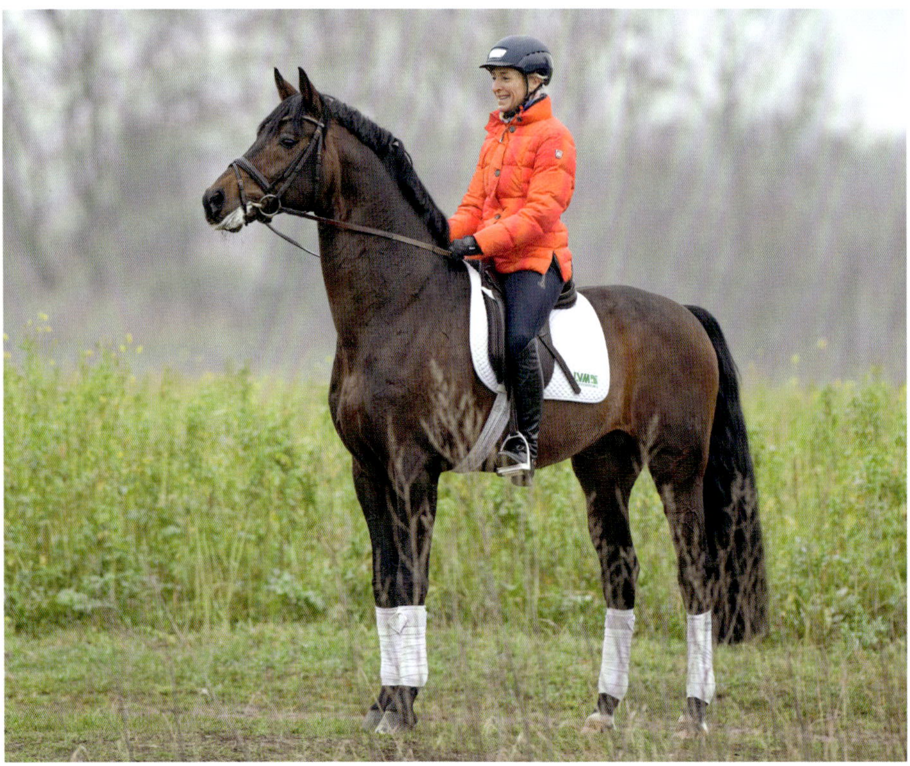

Im Gelände gibt es für Franziskus viel zu sehen.

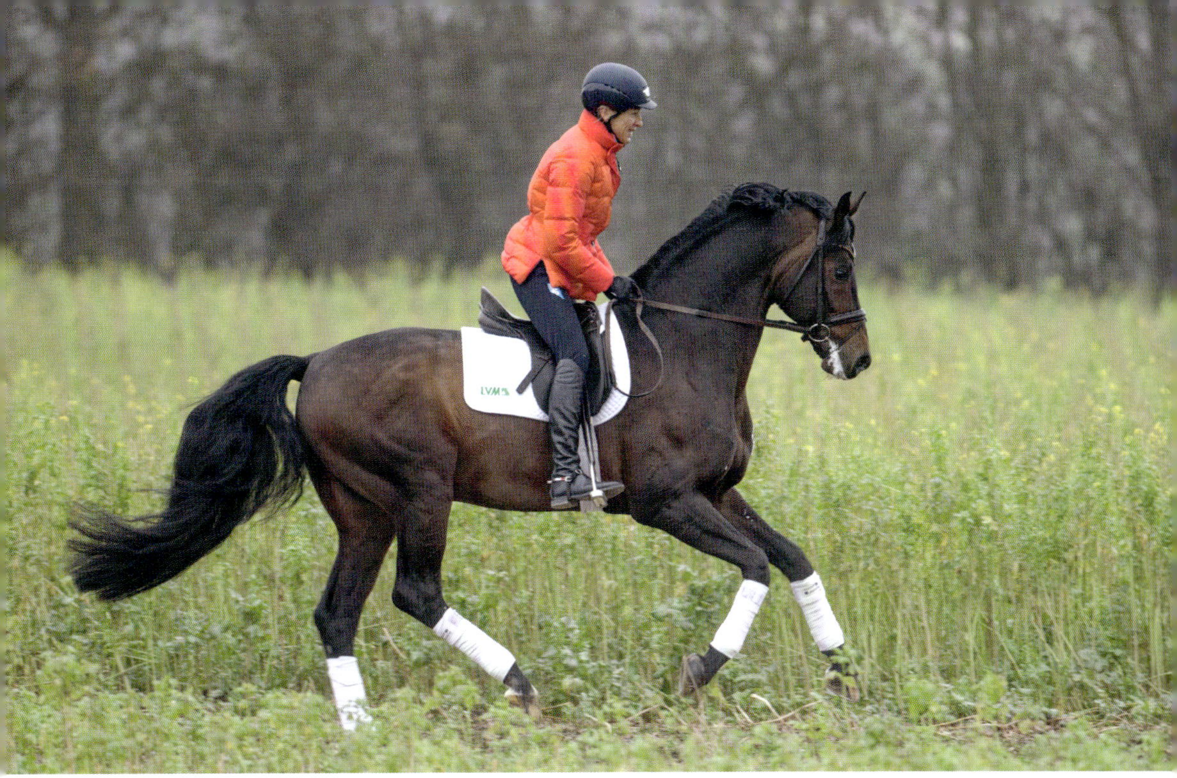

Franziskus genießt das Galoppieren auf dem Feldweg.

Hügel, Wellen, Senken oder Hänge dazu, kannst du durch das Bergauf- und Bergabreiten die Losgelassenheit, die Rückentätigkeit und die Geschmeidigkeit fördern. Zudem kannst du an einem Hügel Tempounterschiede erarbeiten und die Gesetze der Schwerkraft helfen dir bei der Entwicklung von Zulegen und Aufnehmen. Dabei hat vor allem das Bergabreiten eine versammelnde Wirkung und veranlasst das Pferd ohne große Einwirkung zur Lastaufnahme. Wer mit seinem Pferd einen steileren Hang hinaufreitet, wird merken, dass die Muskulatur hier viel effektiver gekräftigt wird als beim Reiten auf ebenem Boden. Wählst du im Gelände nicht nur den perfekten Weg, sondern gelegentlich auch Waldwege oder etwas unwegsameres Gelände mit Wurzeln, Ästen oder Pfützen, macht dies dein Pferd nicht nur geschickter und gewandter, sondern auch aufmerksamer und damit durchlässiger für die reiterlichen Hilfen. Ich weiß, dass sich gerade Dressurreiter oft dazu überwinden müssen, weil sie Angst haben, dass das Pferd auf einem nicht optimalen Untergrund stolpern oder sich verletzen könnte. Aber das Gegenteil ist der Fall: Je öfter ich auf unterschiedlichen, auch unebenen Böden reite, desto trittsicherer wird mein Pferd. So kann das Reiten im Gelände insgesamt die Ausbildung und Gymnastizierung des Pferdes sinnvoll unterstützen.

LEKTIONEN IM GELÄNDE

Ich übe auch Lektionen im Gelände, am Berg oder auf dem Stoppelfeld. Die Pferde werden zwar gefordert, aber sie bemerken die Anstrengung nicht so sehr, weil sie gleichzeitig die Umgebung, die Beschaffenheit des Bodens und das Pferd vor oder hinter sich wahrnehmen. Diese vielfältigen Eindrücke fördern einerseits die Gelassenheit und Ausgeglichenheit, zudem bekomme ich durch die Umgebung schwungvolle Bewegungen so gut wie geschenkt.

VERSTÄRKUNGEN

TRABVERSTÄRKUNGEN

Das Reiten von Verstärkungen verbessert die Grundgangarten, die Pferde entwickeln durch das kraftvolle Abfußen ausdrucksvolle und raumgreifende Bewegungen. Da sich mein Pferd im Gelände ohnehin schwungvoller bewegt als auf dem Platz oder in der Halle, kann ich Verstärkungen sehr gut beim Ausreiten üben.
Der Reiter muss zur Einleitung der Trabverstärkung die Hinterbeine durch halbe Paraden vermehrt heranholen und den Pferdekörper wie eine Feder spannen. Durch vermehrtes Treiben in Verbindung mit einer vorgehenden Hand wird eine Energie erzeugt, die sich dann in raumgreifenden, schwungvollen, aber kontrollierten Tritten entlädt.
Beim Tritteverlängern ist darauf zu achten, dass das Pferd im Rücken locker ist und den Takt beibehält. Wenn das Pferd sich verspannt, merkt der Reiter dies sofort, da er nicht gut zum Sitzen kommt. Dann ist es empfehlenswert, das Tritteverlängern im Leichttraben zu reiten, um die Hinterbeine mehr zu aktivieren und dabei den Rücken des Pferdes zu entlasten. Nach einer kurzen Reprise sollte das Pferd wieder deutlich zurückgeführt werden. Anschließend versucht man es mit erneutem Aussitzen in der Trabverstärkung.

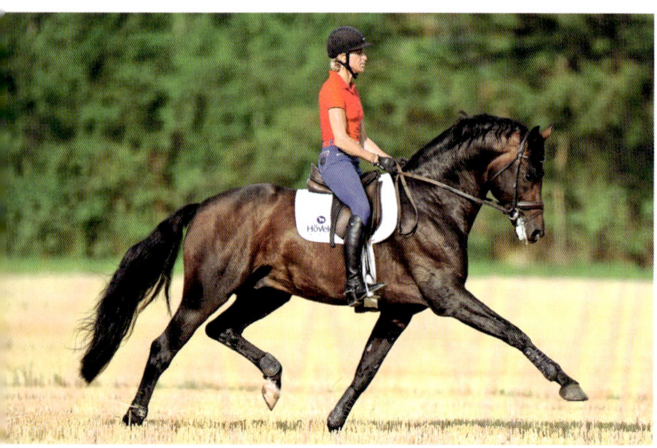

Schwungvolle Trabverstärkung auf dem Stoppelfeld, welches vorher auf Löcher und Treckerspuren inspiziert wurde.

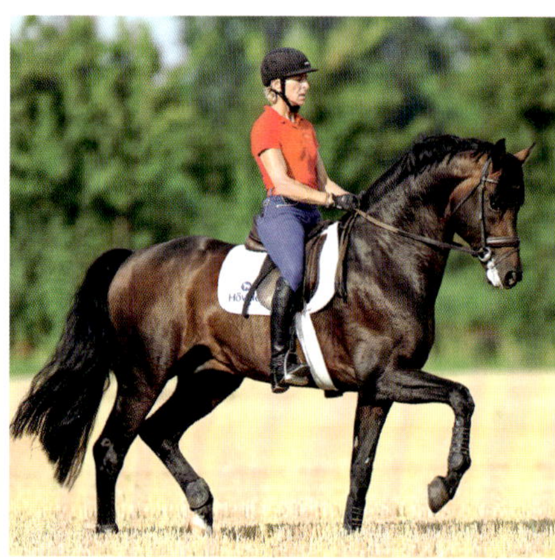

Gefühlvolles Zurückführen in den versammelten Trab in schöner Selbsthaltung.

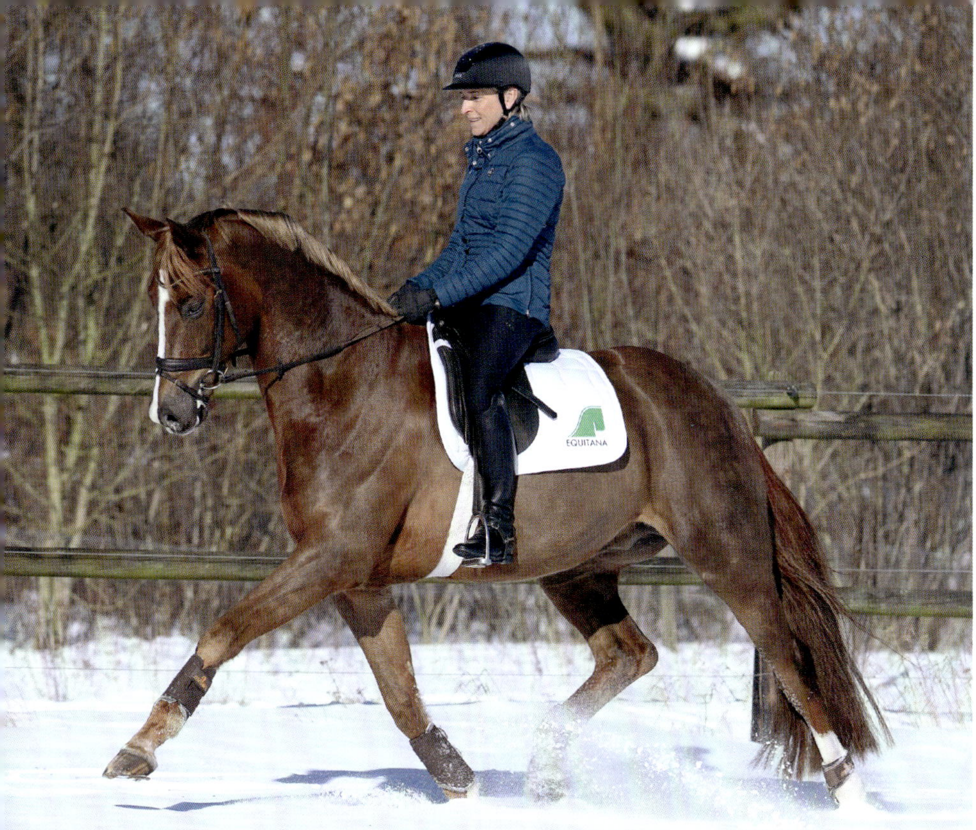

Firlefranz zeigt seinen schwungvollen Trab auch im Schnee.

Das Ziel des Tritteverlängerns ist der Mitteltrab bzw. starke Trab. Hier muss der Reiter besonders darauf achten, dass das Pferd gleichmäßig an beide Zügel herantritt und in sich gerade bleibt. Der Raumgriff erhöht sich durch den kräftigeren Schub der Hinterhand, die Vorhand kommt zum freieren Durchschwingen. Das Pferd soll bei deutlicher Rahmenerweiterung in Selbsthaltung bleiben und die Stirnlinie etwas weiter vor die Senkrechte kommen. Das Genick bleibt der höchste Punkt.

Auch im Schnee kann Dressurtraining stattfinden. Das gibt den Pferden einen extra Motivationsschub, den ich für bestimmte Lektionen gut nutzen kann. Ähnlich wie Cavaletti-Training, Training am Berg oder das Reiten im Wassser spricht auch das Reiten im Schnee die gesamte Muskulatur an und kräftigt sie. Aber Achtung, übertreibt es nicht. Denn es ist für die Pferde ganz schön anstrengend, im tiefen Schnee abzufußen. Auch wenn es euch einen Riesenspaß macht, solltet ihr euer Pferd nicht überfordern. Besser die Verstärkungen in kurzen Reprisen entwickeln und die nötigen Schrittpausen zur Erholung nicht vergessen.

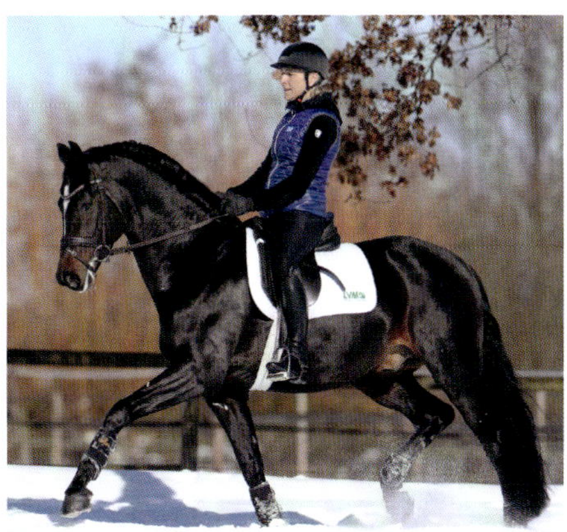

Freudentänzer: Elastisch und mit guter Trabmechanik im Tiefschnee.

GALOPP-VERSTÄRKUNGEN

Geht das Pferd losgelassen und in Selbsthaltung im Arbeitsgalopp, steigerst du das Tempo auf einer kurzen Strecke durch Sprünge verlängern bis zum Mittelgalopp. Es werden längere und raumgreifendere Galoppsprünge verlangt. Die Bewegung soll nicht flach, sondern bergauf sein, also mit tiefer Kruppe. Das ist normalerweise im Dressursitz erreichbar, wobei der Oberkörper nicht zu weit nach hinten kommen sollte. Du kannst den frischen Arbeitsgalopp und die Verstärkungen aber auch im leichten Sitz reiten. Ich habe die Erfahrung gemacht, dass die Bewegungen im Trab und vor allem im Galopp größer und raumgreifender geritten werden können, wenn man die Gelegenheit hat, zum Lösen und Üben von Verstärkungen die langen Linien einer Galoppierbahn in das Ausbildungsprogramm miteinzubeziehen. Es geht alles leichter und selbstverständlicher, weil diese Arbeit der Natur des Pferdes als Bewegungstier viel mehr entgegenkommt.

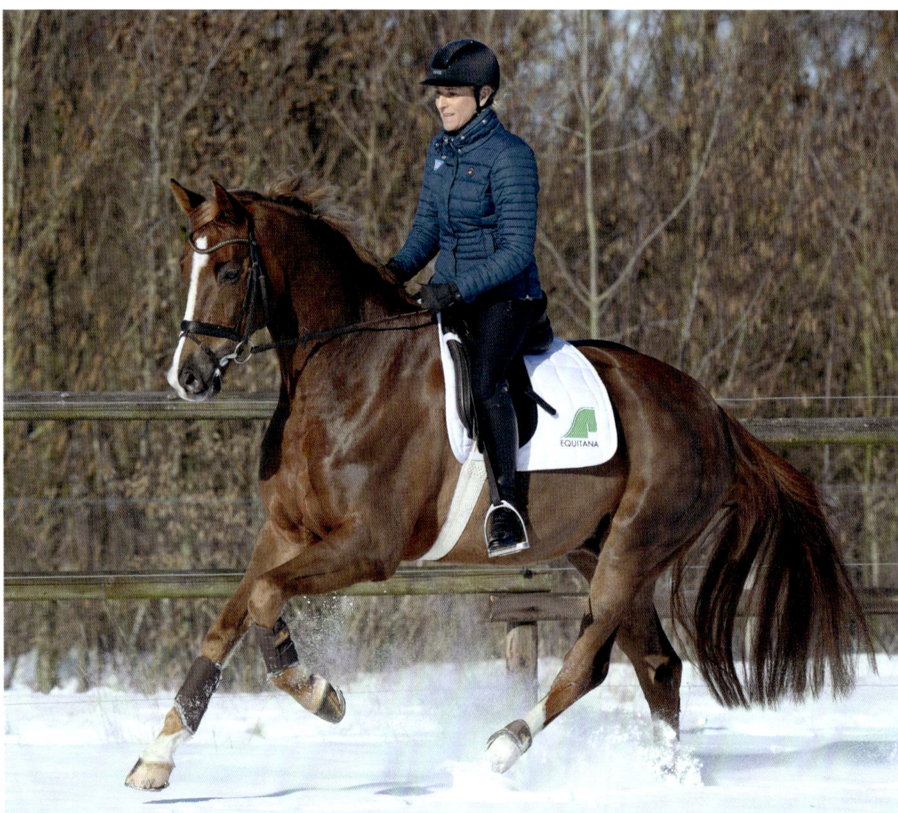

Raumgreifendes Galoppieren in schöner Selbsthaltung

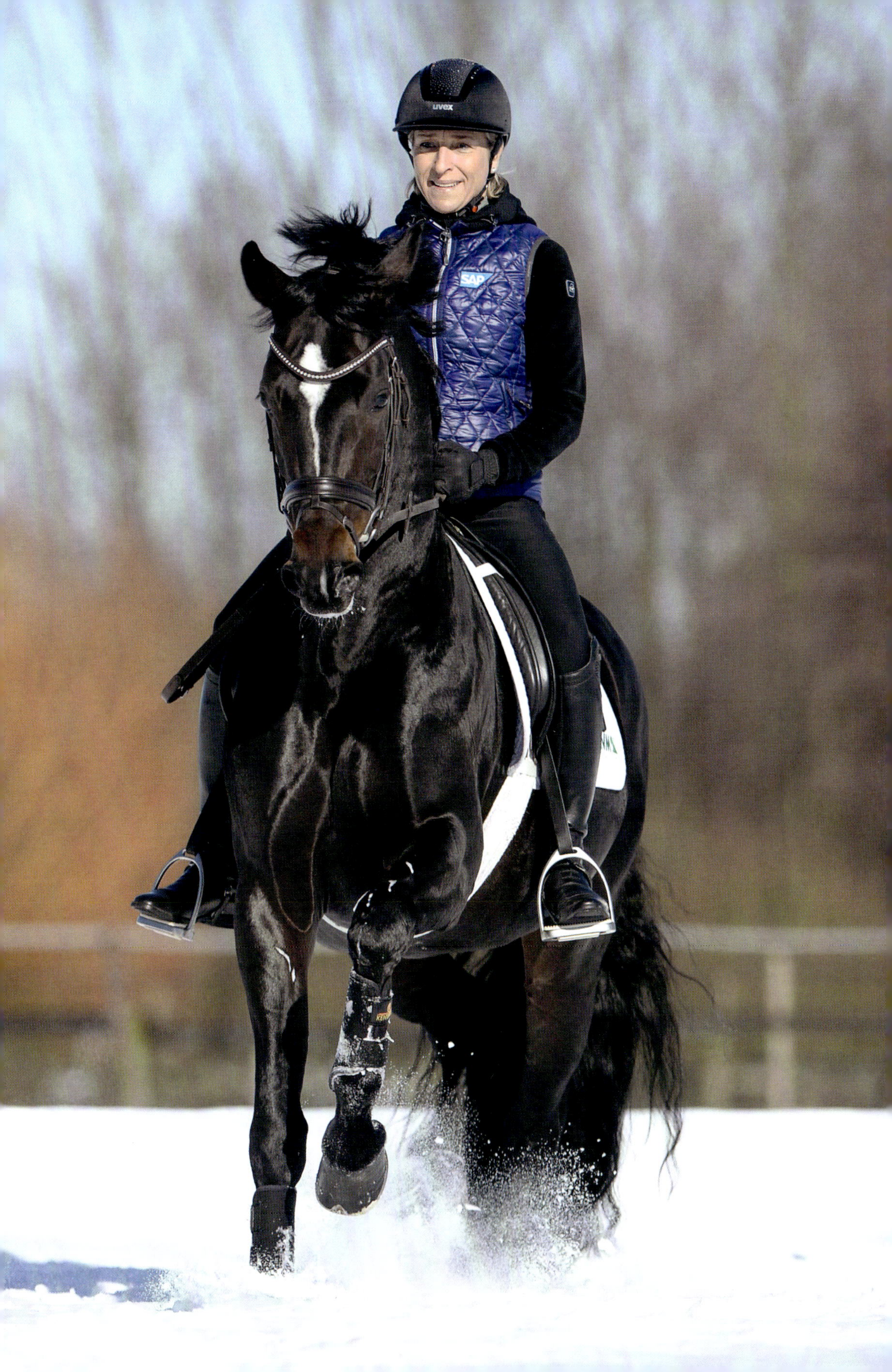
uvex
SAP

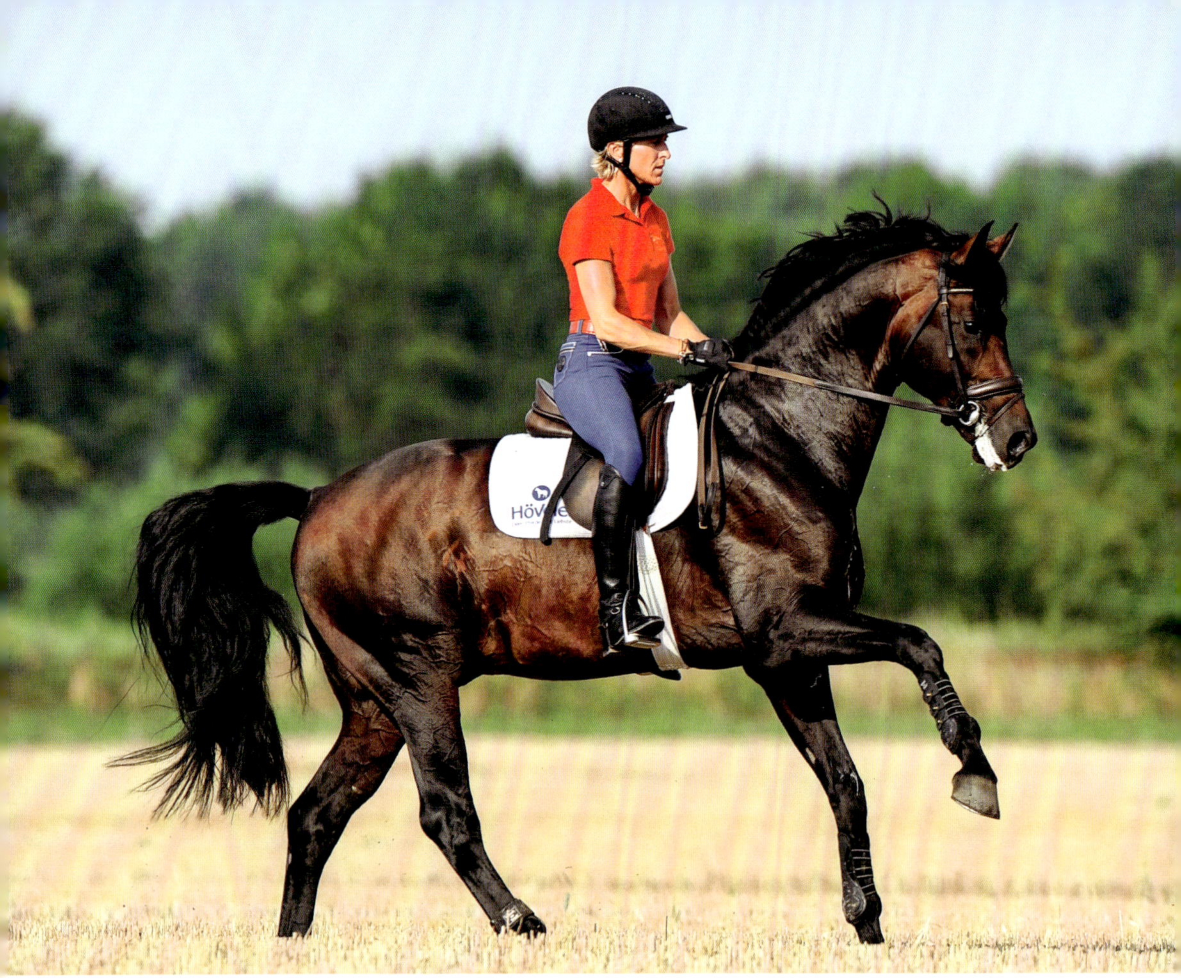

Franziskus springt die fliegenden Wechsel gerade auf dem Stoppelfeld gut bergauf.

FLIEGENDE GALOPPWECHSEL

In der Regel lernen meine jungen Pferde in der Winterarbeit von fünfjährig auf sechsjährig den fliegenden Wechsel. Auf dem Weg zur Klasse M ist das Erlernen des fliegenden Wechsels ein wichtiges Ausbildungsziel, mit dem ich mich ausführlich beschäftigen muss. Manche Pferde brauchen etwas länger, um den korrekten fliegenden Wechsel sicher zu verstehen, und ich muss mich geduldig, sorgfältig und präzise mit der Lektion auseinandersetzen. Nur wenn der einzelne fliegende Wechsel sicher abrufbar ist, kann ich die Serienwechsel später spielerisch erarbeiten. Franziskus lernte den fliegenden Wechsel sehr schnell und die Serienwechsel sind oft ein Höhepunkt in seinen Dressurauftritten.

Im Gelände reite ich die fliegenden Galoppwechsel erst, wenn mein Pferd sie auf dem Platz sicher beherrscht. Aber auch hier kann ich die Bewegungsdynamik und den vermehrten Raumgriff und Durchsprung für die Verbesserung der Wechsel nutzen.

FLIEGENDE WECHSEL ERARBEITEN

Bevor der Reiter mit den fliegenden Wechseln beginnen kann, muss der Galopp genügend versammelt sein und das Pferd bei den einfachen Wechseln auf feine Hilfen prompt reagieren. Erst dann beginne ich mit den fliegenden Wechseln. Am einfachsten erarbeite ich den fliegenden Wechsels wie folgt: Auf dem Zirkel bei A oder C lege ich eine Acht an – und zwar so, dass ich immer über die Mittellinie einen einfachen Wechsel reite. Gerne reite ich diesen auf den Spiegel zu, um zu sehen, ob das Pferd auch wirklich gerade ist und Vor- und Hinterhand sicher auf einer Linie sind. Allmählich verringere ich die Anzahl der Schritttritte, bis nur noch ein Schritttritt übrig bleibt.

Das Pferd muss versammelt galoppieren und auf feine Hilfen neu angaloppieren. Am liebsten dann, wenn es von selber schon neu angaloppieren möchte. Dann lasse ich den Schritttritt weg und gebe die Wechselhilfe. Dabei verlagere ich mein Gewicht auf den neuen inneren Gesäßknochen, lege den inneren Schenkel nach vorne und den äußeren Schenkel zurück, gebe die neue innere Hand vor, um den neuen inneren Hinterfuß zum weiteren Durchspringen zu animieren. Immer wenn ein Wechsel gelingt, pariere ich sofort durch zum Schritt und lobe. Es ist ratsam, eine Person von unten zur Hilfe zu nehmen, die klar „durch" oder „nach" sagt, damit mein Loben möglichst zeitnah erfolgt. War der Wechsel nicht gut, dann reite ich einfach weiter und setze neu an, wenn die halben Paraden gut durchkommen.

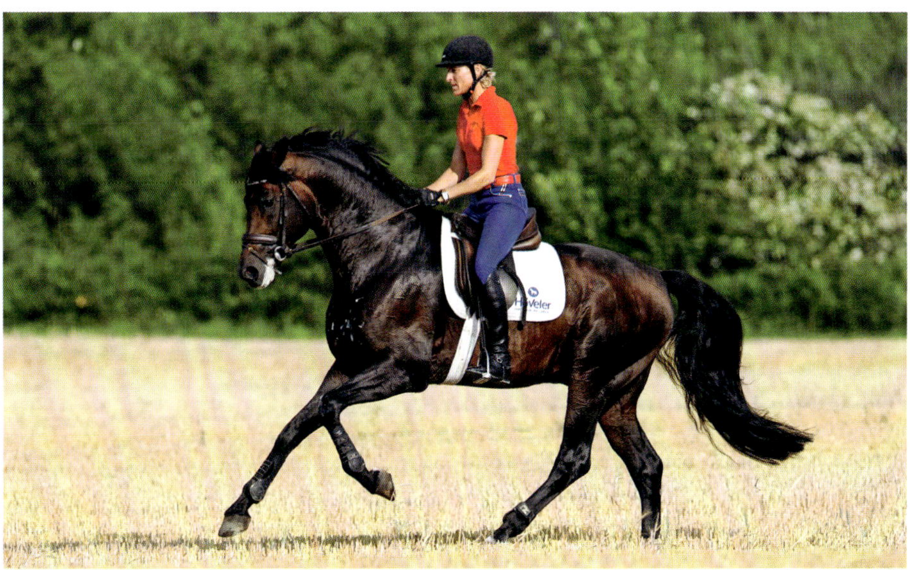

Galoppverstärkungen kann ich gut auf dem Stoppelfeld üben.

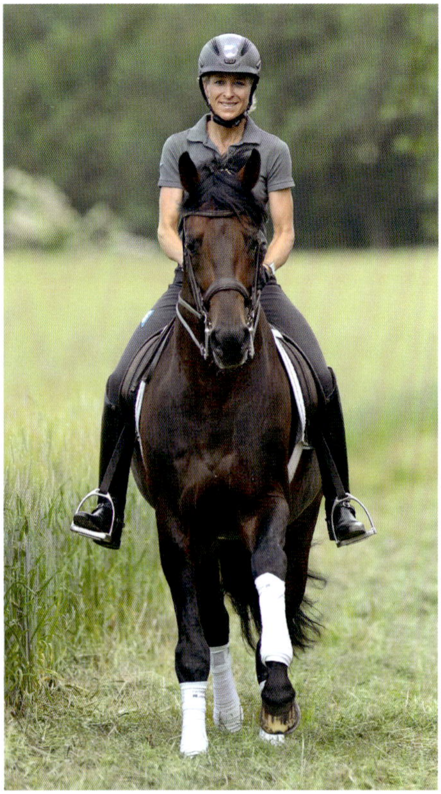

Geradegerichtet in schöner Selbsthaltung

Eine weitere Möglichkeit, den fliegenden Wechsel zu erarbeiten: Der Reiter reitet zunächst einige einfache Wechsel auf dem Zirkel, und zwar so, dass er jeweils in Richtung der offenen Seite in den Außengalopp wechselt und Richtung der geschlossenen Seite zum Handgalopp. Der Wechsel soll dabei wirklich nur über einen Schritttritt erfolgen. Der Reiter benutzt immer dieselbe Stelle für den Wechsel, damit es dem Pferd leichter fällt, die Aufgabe zu verstehen. Nach einigen einfachen Wechseln lasse ich einfach den Schritttritt weg und probiere nun einen fliegenden Wechsel vom Außengalopp in den Handgalopp. Hierfür muss ich die Hinterbeine gut herantreiben, das Pferd versammeln und die Wechselhilfe klar und deutlich geben.

Beim Erlernen der fliegenden Wechsel ist es manchmal ratsam, die Wechsel nicht zu oft hintereinander zu reiten, weil sensible Pferde nervös werden können. Dann ist es besser, andere Lektionen zu reiten, um das Pferd wieder sicher an den Reiterhilfen zu haben. Danach kann ich an anderer Stelle erneut einen Wechsel üben. Bei übereifrigen Pferden kann es helfen, ohne Sporen zu reiten, damit der Reiter besser mit der flachen Wade treiben kann. Bei schlauen Pferden, die gerne mal die Hilfen vorwegnehmen, ist es wichtig, dass ich klare Hilfen im richtigen Moment gebe, damit das Timing stimmt. Gerne reite ich die fliegenden Wechsel auch mal ohne Bügel, weil ich dann noch besser mit der flachen Wade ans Pferd und besser mit dem Gesäß zum Treiben komme. Falls nach dem Wechsel Spannung aufkommt, kann ich diese entweder durch Sprüngeverlängern an der langen Seite abbauen, oder ich pariere durch zum Schritt und lobe mein Pferd.

FLIEGENDE GALOPPWECHSEL IM GELÄNDE

In der Lernphase muss ich die Hilfe noch deutlicher geben, bevor ich sie später langsam unsichtbar werden lassen kann. Ein Wechsel kann nur so gut sein wie der versammelte Galopp vor dem Wechsel. Beherrscht das Pferd den fliegenden Wechsel sicher, muss es lernen, auf die Wechselhilfe zu warten, und darf den Wechsel nicht vorwegnehmen. Deshalb reite ich den Wechsel an unterschiedlichen Stellen und Linien, auch im Gelände. Das Pferd soll schön bergauf, vor den treibenden Hilfen, immer im gleichmäßigen Rhythmus, versammelt galoppieren.

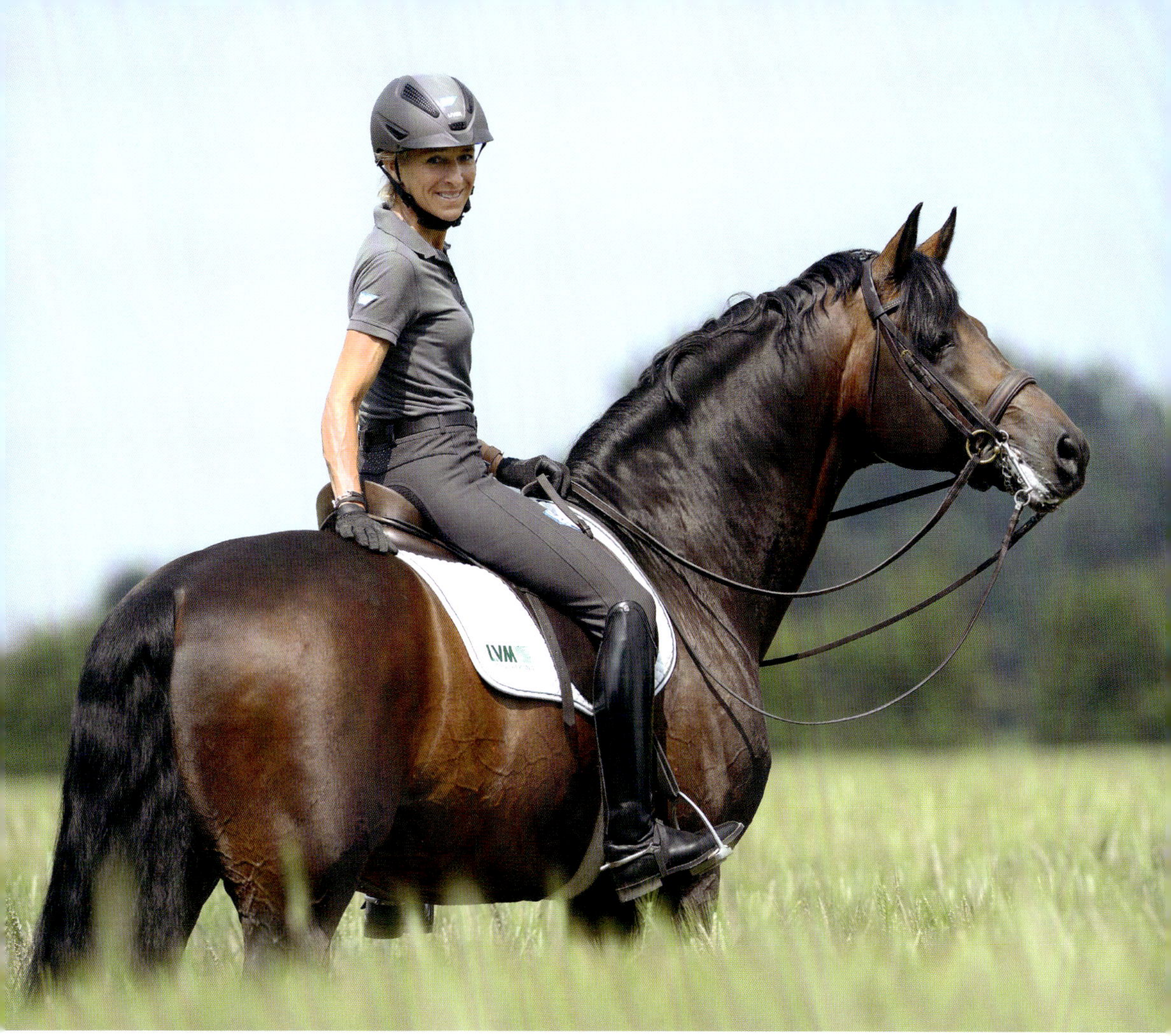

Ein guter Abschluss: schlendern und entspannen in der Natur

Zwischen den einzelnen Wechseln muss ich immer wieder groß nach vorne galoppieren und den Schwung richtig entfalten, damit die Qualität des Galoppsprungs erhalten bleibt. Beim Ausreiten nutze ich die natürlichen Wege und reite den sauberen, fliegenden Wechsel immer deutlich vor der Kurve. So lernt mein Pferd die Wechsel spielerisch, so wie in der Natur ohne Reiter. Gelingt ein guter Wechsel, ist das genau der richtige Zeitpunkt, das Training zu beenden. Ich nutze das gute Ende und übe am nächsten oder übernächsten Tag weiter. Das ausgiebige Zügel-aus-der-Hand-kauen-Lassen im Galopp ist gerade nach dieser Arbeit besonders wichtig. Anschließend pariere ich durch zum Trab und lasse im Leichttraben das Pferd die Zügel bis zur Schnalle rauskauen. Auch hier denke ich an ein fleißiges Vorwärtstreiben. Anschließend pariere ich durch zum Schritt und lobe mein Pferd ausgiebig.

RECHTZEITIG SCHLUSS MACHEN

Für ein erfolgreiches Training ist es wichtig, dass du bemerkst, wenn dein Pferd beginnt, in seiner Ausdauer und Kraft nachzulassen. Im Gelände musst du besonders darauf achten, da der erhöhte Vorwärtsdrang manchmal über ein Kräftenachlassen hinwegtäuscht.

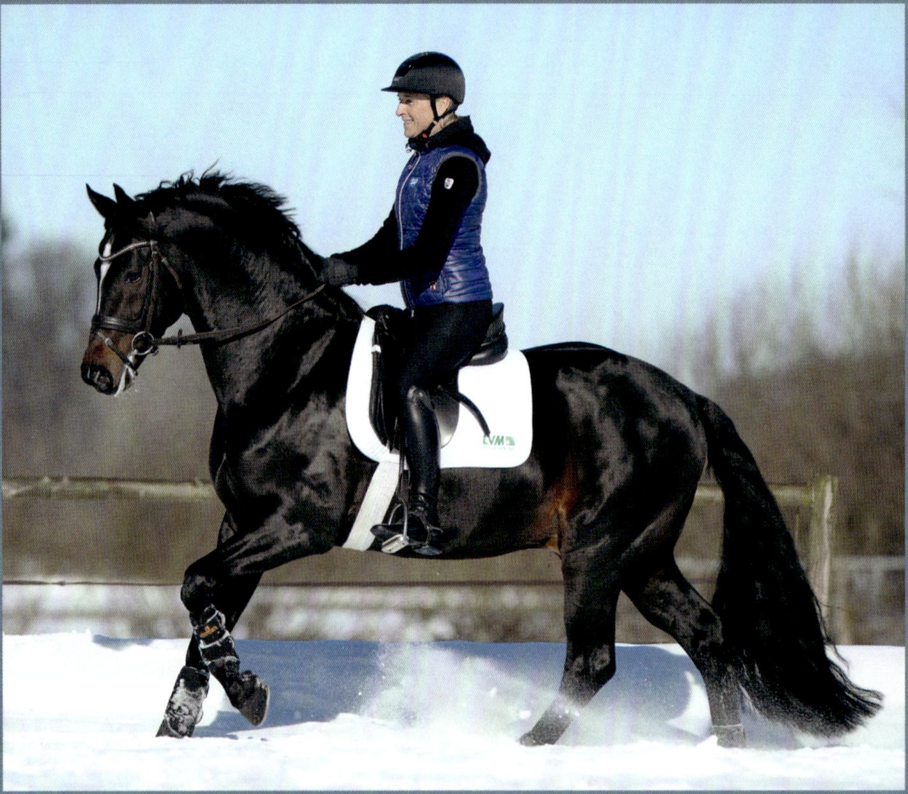

Freudentänzer galoppiert leichtfüßig mit feiner Verbindung.

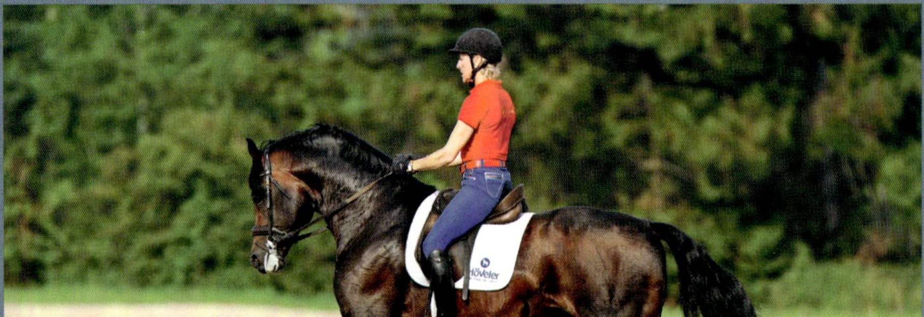

Franziskus zeigt seine ausdrucksstarke, dynamische Trabmechanik.

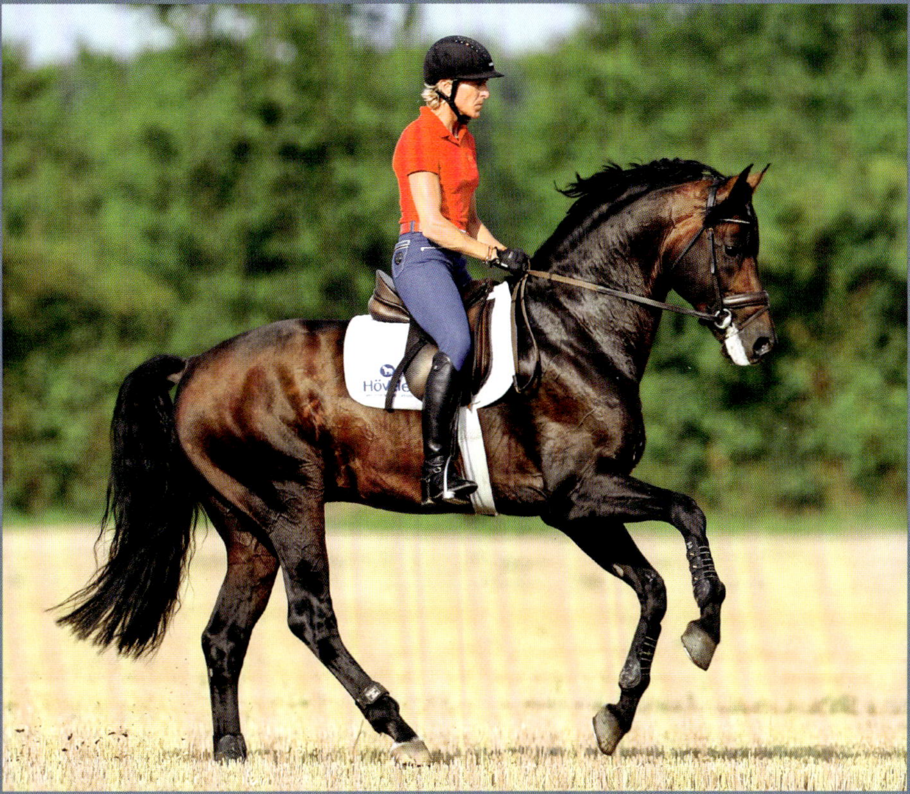

Motiviert und konzentriert springt Franziskus die fliegenden Wechsel auf dem Stoppelfeld.

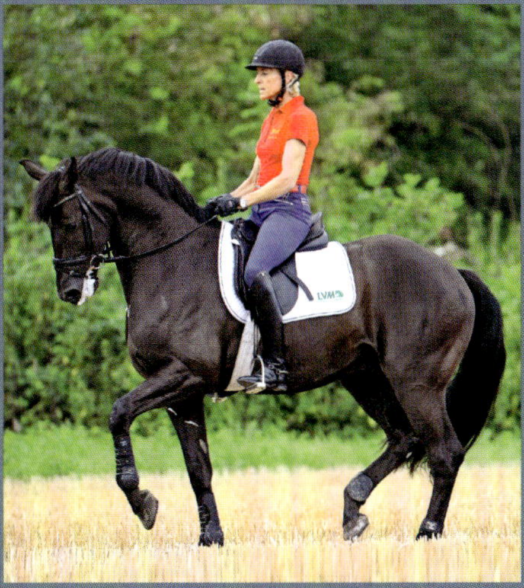

Dresden Mann in der Piaffe

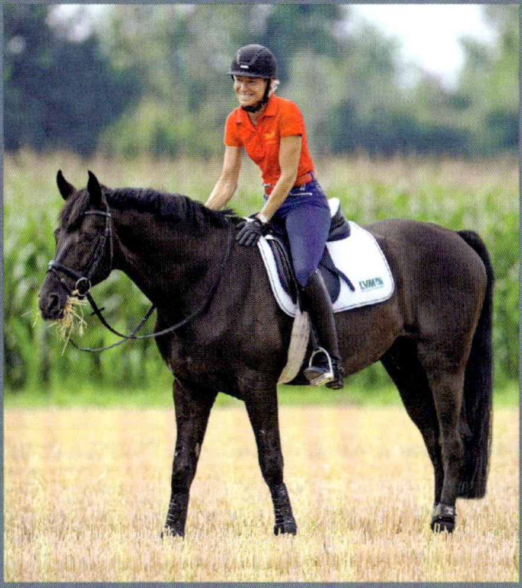

Ein Strohsnack zur Belohnung

SERVICE

— *zu guter Letzt*

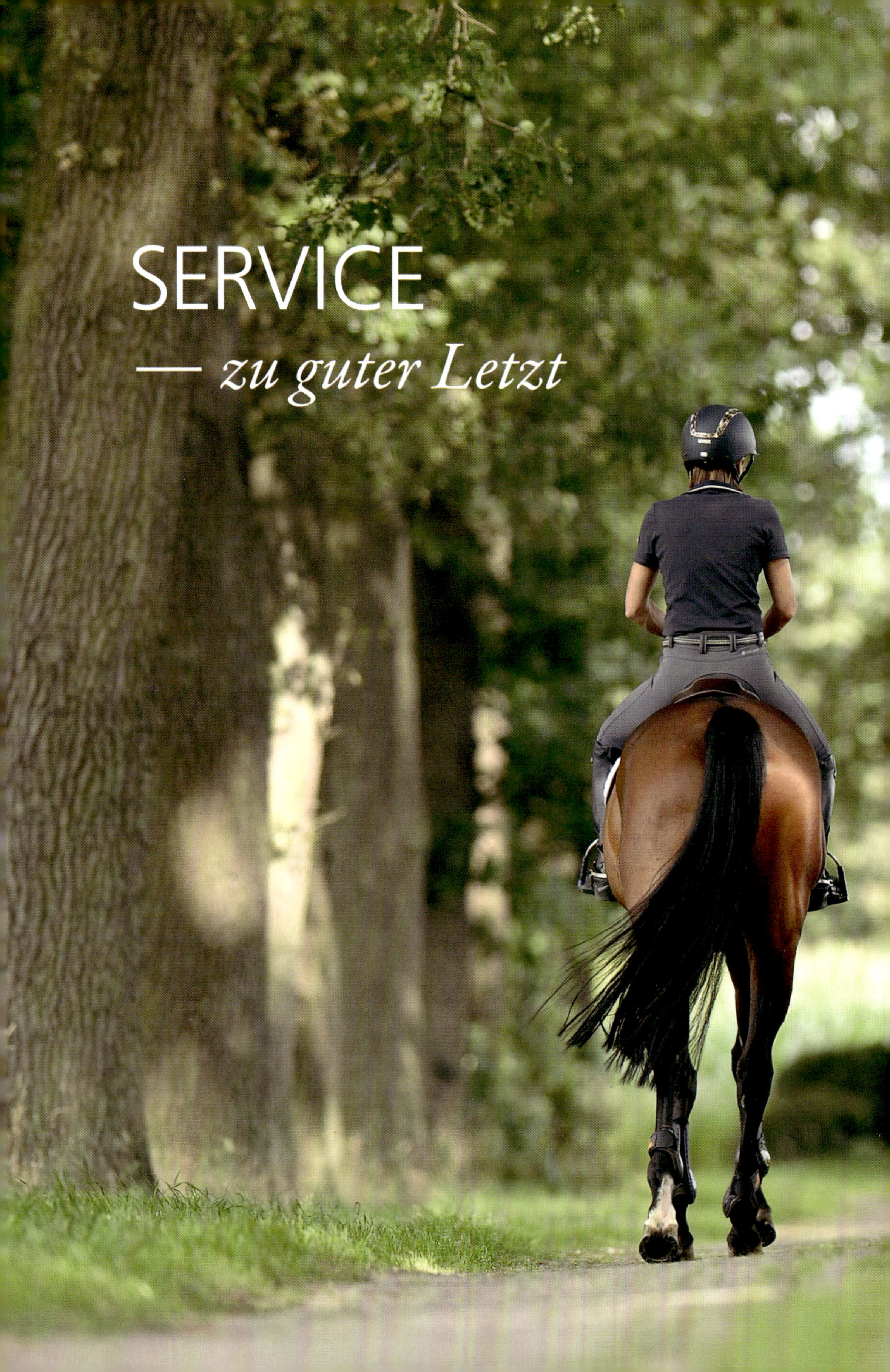

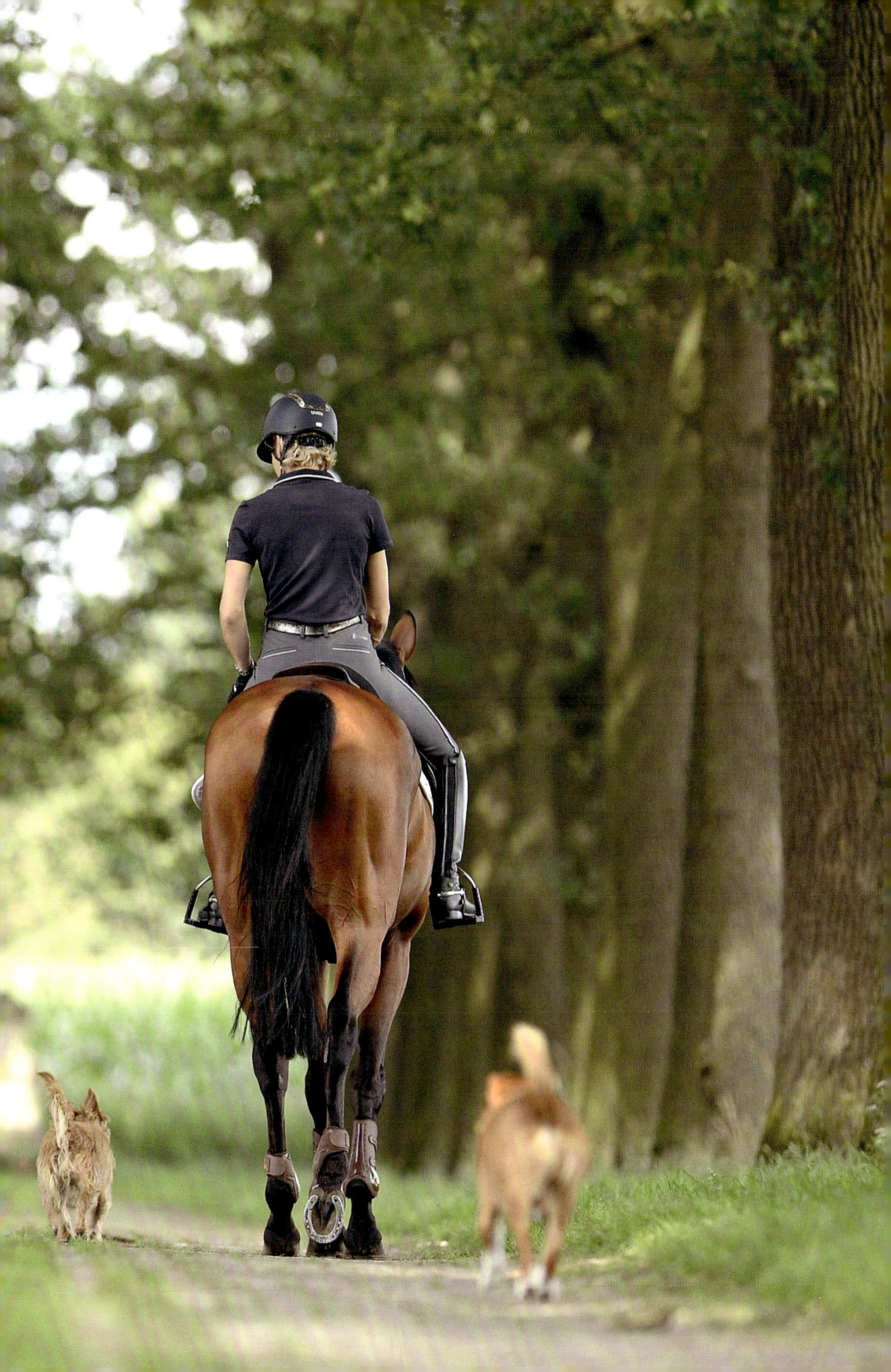

ZUM WEITERLESEN

Baumert, Beth: **Dressurdynamik**, Zwei Körper in Harmonie; KOSMOS 2021
Wie schaffen wir es, dass sich zwei Körper in absoluter Harmonie bewegen? Dieses Buch liefert den Schlüssel zum besseren Reiten und erklärt Ihnen, wie Sie als Reiter Gleichgewicht entwickeln und Ihr Gefühl und Timing verfeinern. Lernen Sie so die Energie Ihres Pferdes zu leiten und zu formen.

Baumert, Beth: **Zwei Körper – ein Gedanke**, Die Stärke der mentalen Verbindung; KOSMOS 2023
Beim Reiten bewegen sich im Idealfall nicht nur zwei Körper in Harmonie, sondern es gehen auch zwei mentale Systeme in Einklang. Das Pferd öffnet sich sowohl körperlich als auch geistig. Das zeigt sich, indem es die Reiterhilfen annimmt und die Lektionen richtig ausführt – manchmal schon, wenn man nur an diese denkt. Beth Baumert beschreibt in diesem Buch, wie jeder Reiter diese mentale Verbindung erreichen kann.

Gösmeier, Dr. med. vet. Ina: **Die fünf Pferdetypen in der Traditionellen Chinesischen Medizin**; KOSMOS 2019
Aus der Sicht der TCM haben Krankheiten oder Verhaltensstörungen immer einen körperlichen und einen mentalen Aspekt. Physische und psychische Probleme stehen in Verbindung zueinander. Die Traditionelle Chinesische Medizin behandelt deshalb immer ganzheitlich. In diesem Ratgeber beschreibt die renommierte Tierärztin Dr. Ina Gösmeier die fünf Pferdetypen und ihre individuelle Behandlung. Extra: TCM-Kräuter-Rezepturen, Akupressur und viele Fallbeispiele. Auch als E-Book erhältlich.

Hölzel, Petra / Schöffmann, Britta: **Pferdeführerschein – Reiten**; KOSMOS 2020
PferdesportlerInnen, die die FN-Prüfung zum Thema Geländereiten ablegen möchten, brauchen dieses Buch. Alle vorgeschriebenen Themenbereiche werden ausführlich und praxisnah behandelt. Der bewährte Wissens-Check im Frage-und-Antwort-Verfahren zeigt, welche Fragen zu erwarten sind, und hilft, das Gelernte zu vertiefen. Der optimale Prüfungsvorbereiter für effizientes und entspanntes Lernen. Auch als E-Book erhältlich.

Jones, Janet: **Horse Brain, Human Brain**. Erkenntnisse aus der Neurowissenschaft – Wie Pferd und Mensch denken, fühlen, handeln; KOSMOS 2022
Das Gehirn steuert das Verhalten – beim Pferd ebenso wie beim Menschen. Die Neurowissenschaftlerin und erfolgreiche Trainerin Janet Jones erklärt leicht verständlich die Gemeinsamkeiten und Unterschiede zwischen den Gehirnen von Mensch und Pferd und zeigt, wie man dieses Wissen anwendet, um Ausbildung, Training und Umgang effizient und lösungsorientiert zu gestalten.

Klimke, Ingrid / Klimke, Reiner: **Cavaletti – Dressur und Springen**; KOSMOS 2018
Ein wichtiger Grundstein für den Erfolg von Ingrid Klimke ist die Cavaletti-Arbeit. Dieser Ratgeber zeigt die Cavaletti-Arbeit an der Longe, liefert wertvolle neue Anregungen für die Dressurarbeit sowie zahlreiche aktualisierte Aufbauskizzen für die Springgymnastik. Neben der Gymnastizierung des Pferdes und der damit verbundenen Verbesserung der Gangarten bringt Cavaletti-Arbeit Spaß und Abwechslung in den Trainingsalltag. Auch als E-Book erhältlich.

Klimke, Ingrid: **Cavaletti – Aufbauten und Abmessungen**; KOSMOS 2021
Für Ingrid Klimke ist das Reiten über Cavaletti fester Bestandteil des täglichen Trainings. Sehr wichtig sind hierbei die richtigen Abstände zwischen den Cavaletti, die korrekten Aufbauten und Abmessungen. Nur dann erzielt Cavaletti-Arbeit den gewünschten Trainingseffekt. Dieser Ratgeber bietet einen schnellen Zugriff auf alle wichtigen Aufbauten und Abmessungen. Auch als E-Book erhältlich.

Klimke, Ingrid / Klimke, Reiner: **Grundausbildung des jungen Reitpferdes**, Dressur, Springen, Gelände; KOSMOS 2019
Der Name Klimke steht für eine pferdegerechte und vielseitige Ausbildung. Die ersten Monate und Jahre unter dem Sattel legen den Grundstein für die Zukunft eines Reitpferdes. Jedes Pferd, ob es im Sport eingesetzt oder in der Freizeit geritten wird, braucht eine solide und fundierte Grundausbildung, damit es seine Aufgaben unter dem Reiter zuverlässig, motiviert und bei bester Gesundheit erfüllen kann. Kein Buch beschreibt die Grundausbildung junger Reitpferde so fundiert wie dieser Klassiker. Auch als E-Book erhältlich.

Klimke, Ingrid: **Reite zu Deiner Freude**, Grundsätze meiner Pferdeausbildung; KOSMOS 2021
Bei Ingrid Klimke haben Pferd und Mensch Freude am Training. Kernpunkte ihrer pferdefreundlichen Trainingsphilosophe sind Cavaletti-Arbeit, Dressur, Springen und Reiten im Gelände. Am Beispiel ihrer eigenen Pferde gibt sie wertvolle Tipps zur Förderung des jeweiligen Pferdecharakters. Auch als E-Book erhältlich.

Krüger, Konstanze, Marr, Isabell, **Forschung trifft Pferd, Neueste Erkenntnisse für ein besseres Verständnis**; KOSMOS 2022
Schluss mit Pferde-Mythen! Prof. Dr. Konstanze Krüger und Dr. Isabell Marr stellen die aktuellen Erkenntnisse der Verhaltensforschung vor und zeigen, wie sich dieses Wissen bei Ausbildung und Training sowie im täglichen Umgang nutzen lässt. Ein Standardwerk auf dem neuesten Stand der Wissenschaft. Auch als E-Book erhältlich.

Krüger-Degener, Anne: **Glücksschmiede für Pferde**, HarmoniLogie – Ausbildung ohne Missverständnisse; KOSMOS 2022
Anne Krüger-Degeners HarmonieLogie®-Methode ist ein einzigartiges Konzept zum vertrauensvollen Umgang mit Pferden. In diesem Buch zeigt sie, wie Kommunikation gelingt. Praxisnah und mit vielen Beispielen wird erklärt, wie man die körpersprachlichen Signale des Pferdes richtig liest. Auch als E-Book erhältlich.

Nölke, Marc: **Neuroathletik für Reiter**, Das Neuro-Rider-Trainingsprogramm; KOSMOS 2022
Mit diesem Buch wird man ein besserer Reiter, ohne dafür Reiten zu üben. Denn Neuro-Athletik verbessert die Reittechnik durch Übungen fürs Gehirn. Die Methode des Erfolgstrainers Mark Nölke trainiert gezielt jene Gehirnareale, die für Stabilität, Rhythmusgefühl, Bewegungspräzision und die Sehzentrale zuständig sind. So werden Beweglichkeit und Körperhaltung verbessert, Muskelprobleme gelöst, die Konzentrationsfähigkeit gestärkt und sogar Ängste und Traumata überwunden.

REGISTER

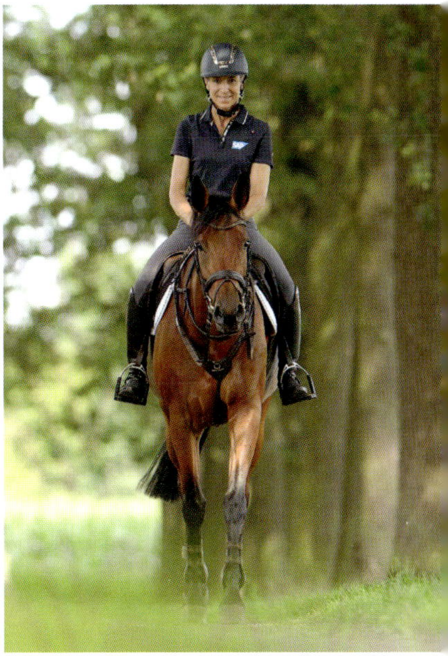

BILDNACHWEIS

Horst Streitferdt/KOSMOS fotografierte 132 Farbfotos für dieses Buch.

Weitere Bilder sind von Jens Feierabend/jfx pictures (S. 62, 69 o., 70 o. re.)

Alle Filme für die KOSMOS PLUS APP wurden von WeHorse gedreht.

IMPRESSUM

Umschlaggestaltung von GRAMISCI Editorialdesign, Isabelle Fischer, unter Verwendung von 7 Farbfotos von Horst Streitferdt/KOSMOS.

Mit 135 Farbfotos.

Unser gesamtes Programm finden Sie unter **kosmos.de.**
Über Neuigkeiten informieren Sie regelmäßig unsere Newsletter, einfach anmelden unter **kosmos.de/newsletter**

Gedruckt auf chlorfrei gebleichtem Papier

ISBN 978-3-440-16698-7
Text: Ingrid Klimke, Alexandra Haungs
Redaktion: Alexandra Haungs
Gestaltungskonzept: Peter Schmidt Group GmbH, Hamburg
Gestaltung und Satz: Atelier Krohmer, Dettingen/Erms
Produktion: Claudia Frank
Druck und Bindung: Westermann Druck Zwickau GmbH, Zwickau
Printed in Germany / Imprimé en Allemagne

FSC www.fsc.org MIX Papier aus verantwortungsvollen Quellen FSC® C110508

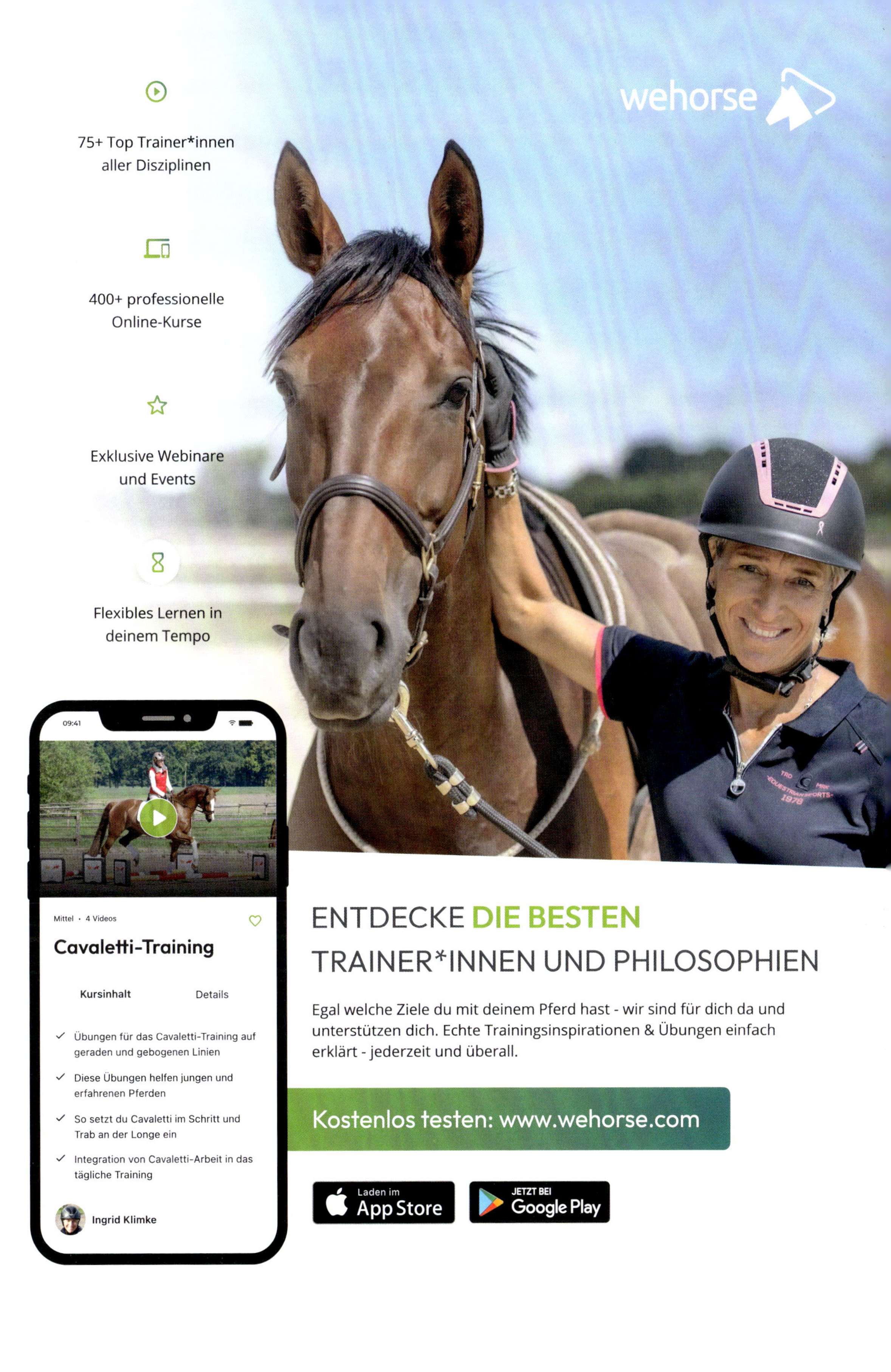
wehorse
75+ Top Trainer*innen aller Disziplinen
400+ professionelle Online-Kurse
Exklusive Webinare und Events
Flexibles Lernen in deinem Tempo
09:41
Mittel · 4 Videos
Cavaletti-Training
Kursinhalt
Details
Übungen für das Cavaletti-Training auf geraden und gebogenen Linien
Diese Übungen helfen jungen und erfahrenen Pferden
So setzt du Cavaletti im Schritt und Trab an der Longe ein
Integration von Cavaletti-Arbeit in das tägliche Training
Ingrid Klimke
ENTDECKE DIE BESTEN TRAINER*INNEN UND PHILOSOPHIEN
Egal welche Ziele du mit deinem Pferd hast - wir sind für dich da und unterstützen dich. Echte Trainingsinspirationen & Übungen einfach erklärt - jederzeit und überall.
Kostenlos testen: www.wehorse.com
Laden im App Store
JETZT BEI Google Play